JN409136

# 해운대 25시

## 해운대는 잠들지 않는다

**황 광 석** 지음

다솜출판사

# 머리글

남녀간에 처음 만나 사랑의 싹을 틔우며 불꽃같은 사랑을 하기도하고 사계절은 사겨야 상대의 마음을 알아가며 결혼에 골인하기도 한다.

최근 많은 사람들이 유명 지역에서 한 달 살기 붐이 일어나기도 하여 그 지역의 특성을 이해하고 공유하는 방법은 없을까 하는 고민들을 하다가 적어도 해운대를 찾는 사람들에게는 시행착오 없이 많은 경험들을 공유했으면 좋겠다는 생각을 하였다.

관광의 도시 해운대에서 숨쉬고 살아온 세월이 어언 30여년이 흘렀다. 많은 사람들이 해운대를 찾으며 정말 살기 좋은 곳이라고 감탄을 하며 다시한번 오고 싶은 도시로 세계적인 명품 해운대에 살아가는 자부심은 그 무엇과도 비교할 수 없다.

세계인들이 아름다운 해운대 해변을 걸으며 웃음꽃을 피우기도 하고 넘실되는 파도를 보거나 창공을 나는 갈매기를 바라 보거나 버스킹 현장에서 춤을 추기도하고 노래를 따라 부르기도 하고 박수를 치기도 하며 느끼는 것들은 무엇일까?

봄여름가을겨울 사계절의 매력을 어떻게 표현해야 할지 직접 체험하지 않고는 도저히 구현할 수 없는 현실이 안타깝고 답답한 심정이다.

동해남부선 옛 철로를 제거하고 조성한 산책길을 걷노라면 천국이 따로 없다는 생각을 하게 된다. 젊은이들의 거리로 각광받는 해리단길

옆으로 코스모스가 하늘하늘 춤을 추고 구 해운대역 근처를 지나는 청춘들의 걸음걸음이 너무나 예쁘다.

미포에서 바라보는 바다는 또한 어떠한가? 광안리쪽 저편 W아파트는 광안대교와 어울려 한 폭의 그림이다. 저절로 포켓의 카메라로 사진을 찍고 추억을 남긴다. 정말 환상적이다.

연인과 함께 친구와 함께 가족과 함께 해운대 해변을 따라 걷다보면 금새 사랑에 빠지게 되지 않을까?

해운대 12경을 말하자면 해운대해수욕장과 송정해수욕장, 동백섬, 달맞이길, 장산, 요트경기장, 아쿠아리움, 영화의 거리, 나루공원, 동해남부선 옛길, 해운대온천, 청사포를 들 수 있다. 이 들은 최근의 여행객들과 주민을 상대로 설문 조사한 결과이며 사람들의 취향에 따라 달리 볼 수 있다.

또한 세월의 흐름에 따라 그 지역의 변화가 볼거리를 제공하기도 하여 새로운 해운대 12경이 될 수도 있고 해운대 15경 18경으로 발전되어 더 많은 볼거리를 가져다 줄 수도 있을 것이다.

예전에는 해운 8경이라 하여 오륙귀범(석양이 질 때 오륙도로 돌아오는 만선에 갈매기 떼가 따라오는 모습)과 장산의 양운폭포, 해운대온천, 우산낙조(와우산의 낙조), 봉대점화(간비오산의 봉화), 바다와 하늘이 끝없이 맞닿은 해운대상, 장지유수(장지천의 흐르는 물)를 말하기도 하였다.

아무렴 어떠한가? 시대에 따라 보는 관점에 따라 변화무상한 것이 세월이요 끝없는 세상의 이치인 것을. 지금 이 절경을 바라보는 아름다운 사람이 자신이라는 것을 아는 것이 더욱 중요하다는 사실을 누가 알겠는가?

# 일러두기

해운대에서 30여 년 살아온 사람의 이야기이다.

세상을 살면서 이곳저곳을 다니며 구석구석 경험한 이야기도 잘사는 세상을 위한 철학이 없다면 아무 소용이 없다.

철부지로 태어나서 세상을 위해 살다가 이제는 나의 인생을 즐기며 살아야지 하는 순간에 힘없이 병들고 나약해지며 시름시름 하다가 저 세상으로 떠나고 마는 인생을 너무나 많이 보았기에 후회 없이 잘사는 인생을 위해 노래하고 춤추자는 의미에서 어느 시인의 표현처럼 '소풍 와서 즐겁게 놀다가 가야지' 하는 마음으로 이 세상을 살아간다면 잘 사는 인생이다. 라고 생각한다.

누구도 가르쳐주지 않은 '삶'의 의미를 회상하면서 태어날 때도 나의 의지와 관계없이 태어났고 갈 때에도 나의 의지와 관계없이 간다면 정말 무의미한 인생이다. 그러므로 갈 때에는 나의 의지대로 살다가는 것이 참다운 인생이 아니겠는가?

일본의 어느 작가가 쓴 "우동 한 그릇"에 담긴 성실과 근면함이 희망의 메시지를 담고 있으며, 우동 한 그릇의 배경이 된 우동집 사장 부부의 따스함이 주변을 더욱 빛나게 하였다.

많은 사람들과 부대끼며 살아가는 현실에서 먼저 다가가 다정한 말 한마디 건낼 수 있는 문화를 만들어 가는 것, 서로 위로하고 격려하면서 참 살만한 세상을 만들어 가는 것, 열린 마음으로 세상을 바라보며 세상을 아름답게 꾸며가는 것은 참 멋진 인생이 될 것 같다.

낯선 곳에서 경계심을 가지기 보다는 호기심으로 다가가도 이상할 것 없는 상대를 배려하는 문화가 아름답다. 누구든지 먼저 손을 내밀어 내가 어디에서 무엇을 하든지 아껴주고 도와주는 세상이 참 아름다운 세상이다.

가장 한국적인 것이 세계적인 것이다. 는 슬로건처럼 나는 한국의 표준이 되길 원했다. 어디에도 치우침이 없는 중용의 가르침을 실천하려고 노력하였으며 그렇게 가르치며 살았다.

그래서 영어로 나의 이름 이니셜은 HKS이며, 한국의 표준(KS)이 되어 모든 삶에서 모범이 되고 그런 강박관념으로 정직하게 살아가며 다른 사람의 귀감이 되고자 하였다. 여기서 나는 한표(한국의 표준)로서 내 삶의 가치를 알아주는 사람이 단 한 사람이라도 있다면 성공한 인생이라고 말하고 싶다.

여기서 언급하는 것은 한표의 개인적인 취향이나 경험과 온라인상에 공개된 자료들을 중심으로 기술하였다. 각 시청이나 구청의 홈페이지에 들어가면 지역별 문화관광상품을 소개하기도 하여 자세한 내용을 알려주고 있다. 좀 더 다른 경험이나 스토리와 지역들을 보내주면 다시 보완하도록 노력하겠습니다.

감사합니다.

## 차례

### 제 1 장 해운대해수욕장



### 제2장 꽃피는 동백섬



### 제3장 요트경기장

## 제9장 마린시티



## 제10장 센텀시티



## 제11장 그린시티



## 제12장 구남로와 해리단길

# 제1장 해운대해수욕장

부산광역시

# 해운대구

Haeundae-gu

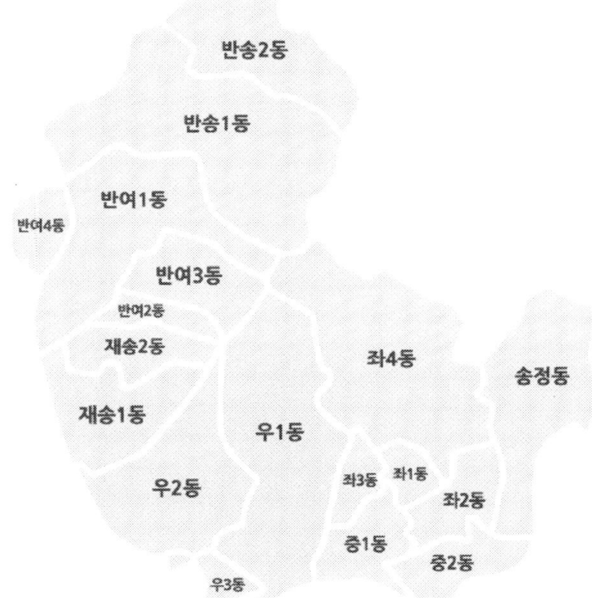

## ◎ 부산갈매기

희망 고문을 하며 초반에 잘하다가 막판에 가서는 가을야구 하겠나 하다가 결국은 최악의 사태를 맞이하는 롯데야구팬으로서 실망스럽지만 언젠가 한 번은 승리를 향한 부산갈매기 응원가를 불러보겠지 하는 마음이 매년 반복된다.

꼭 야구장에 가지 않더라도 부산 사람이면 한 번쯤 불러보고 기억하고 즐기고 싶은 부산갈매기를 줄여서 부기라고 한다. 부기는 부산을 대표하는 부산의 캐릭터다. 바다를 나는 갈매기를 연상해보면 창공을 뚫고 훨훨 날아다니는 부기였으면 하는데 동력이 조금 떨어지는 캐릭터여서 조금 아쉬운 점이 있다.

뜨거운 태양아래 해운대해수욕장에서는 넘실거리는 파도를 배경으로 하얀 갈매기들이 날개짓을 하며 창공을 나른다. 백사장에서는 갈매기가 좋아하는 먹이를 가진 아이들이 갈매기들의 먹이를 주며 한곳으로 모이게 한다. 끼룩끼룩 애교를 부리며 먹이를 낚아채고는 흩어졌다 모였다를 반복한다. 갈매기 때와 사람들이 일심동체가 되어 사진과 동영상을 찍으며 추억을 가져간다.

하하호호 즐거운 웃음과 표정들은 지상낙원이 어디인가? 물을 필요도 없이 바로 여기 지금 이 순간이다. 가족 연인 친구들과 함께하는 매 순간들이 부산갈매기로 기억되길 바라는 마음이다.

1982년 작곡가 김중순(1938~1999)님이 작사 작곡하고 문성재가 노래하여 히트한 '부산갈매기'를 올려본다.

부산갈매기(가수 문성재)

지금은 그 어디서
내 생각 잊었는가
꽃처럼 어여쁜 그 이름도
고왔던 순이 순이야
파도치는 부두가에
지나간 일들이 가슴에 남았는데
부산 갈매기 부산 갈매기
너는 정녕 나를 잊었나

지금은 그 어디서
내 모습 잊었는가
꽃처럼 어여쁜 그 이름도
고왔던 순이 순이야
그리움이 물결치면
오늘도 못잊어 내이름 부르는데
부산 갈매기 부산 갈매기
너는 벌써 나를 잊었나
부산 갈매기 부산 갈매기
너는 벌써 나를 잊었나

## ✺ 돌아와요 부산항에

해운대해수욕장을 걷다보면 조선비치호텔에서 100미터쯤 해변 솔밭공원 쪽에 "돌아와요 부산항에" 노래비가 나온다. 그 앞에서 사진을 찍으며 추억을 가져가지만 요즘의 BTS나 에이티즈 처럼 그룹이 아닌 솔로로 그만큼 웅장하고 큰 울림을 주는 가수를 얼마나 기억하고 있을까 생각해보면 가슴 뿌듯하다. 누군가를 기억하고 기린다는 것은 오늘을 사는 우리에게 꼭 필요하다.

7080음악을 좋아하는 사람들에겐 노래방에서 꼭 불려보고 싶은 노래로 돌아와요 부산항에다. 고향을 그리며 애환을 달래는 바다의 사나이와 잘 어울리는 노래이다.

1984년 작곡가 황선우(1942~ )님이 작사 작곡하고 가왕 조용필이 노래하여 히트한 '돌아와요 부산항에'를 소개한다.

*돌아와요 부산항에(가수 조용필)*

*꽃피는 동백섬에 봄이 왔건만*
*형제 떠난 부산항에 갈매기만 슬피우네*
*오륙도 돌아가는 연락선 마다*
*목메어 불러봐도 대답 없는 내 형제여*
*돌아와요 부산항에 그리운 내 형제여*

*가고파 목이 메어 부르던 이 거리는*
*그리워서 헤매이던 긴긴날의 꿈이었지*
*언제나 말이 없는 저 물결들도*

*부딪쳐 슬퍼하며 가는 길을 막았었지*
*돌아왔다 부산항에 그리운 내 형제여*

## ◎ 버스킹 8호

해운대해수욕장에는 자유롭게 노래하며 대중들을 유혹하는 버스킹 공연장이 8개가 있다.

수많은 가수들과 가수를 꿈꾸는 청춘 남녀들이 기타를 치며 노래 실력을 뽐내는 모습들은 해변 산책길의 볼거리를 제공하며 때로는 한참을 음악과 운율에 맞추어 함께 리듬을 타기도 한다.

그 중에서도 가장 연장자로 보이며 허스키한 목소리로 귀를 사로잡는 한 분이 있어서 소개하기로 한다. '욜로'와 '아빠 힘내세요'의 작사 작곡가이기도 한 "한수성"이 부르는 사랑의 멜로디는 많은 사람에게 울림을 준다.

그는 매주 토요일과 일요일 저녁 7시에서 9시까지 2시간의 버스킹 공연을 한다. 많은 사람들이 함께 어울려 노래하고 춤출 때에는 스스로 신이 나서 공연을 즐기지만 공연장이 텅 비어 있을 때에는 때론 쓸쓸해 보일 때가 있다.

살아간다는 것이 삶의 촉매제로 살아간다는 것이 늘 즐거움을 줄 수 없는 안타까움이 가슴 아프게 한다. "한수성" 그의 공연장이 많은 사람들에게 위로가 되고 기쁨과 행복을 주는 그러한 공간이 되었으면 좋겠다.

## FK5B

날씨가 차갑고 메스꺼울 때에는 버스킹 자체가 어렵고 힘들어 보인다. 찬바람을 맞으며 기타를 치면서 노래한다는 것이 보통일이 아니다. 그런데도 청춘의 피는 끓는다. 애잔한 노래를 부르며 사람들을 모이게 한다.

가슴을 파고드는 감동적인 노래를 듣을 때에는 귀 호강을 해서 좋고 한편으로는 나도 한 번 참여하고 싶다는 생각이 들 때가 있다.

세계인이 모여서 여유로운 시간을 가지는 해운대해수욕장 해변을 걸으며 그냥 바다를 바라보는 것만으로도 최고의 순간으로 기억되지만 나의 몸짓 나의 숨결 나의 노래가 기록이 되어 추억으로 간직할 수 있으면 더욱 좋겠다는 생각을 해본다.

그래서 감히 제안을 해본다. 프리코리아 5분 버스킹! 줄여서 FK5B로 이름 짓자. 누구든지 참여할 수 있는 공간과 장소를 마련하고 거기에 음향장비를 설치하여 각자가 가진 끼를 뽐낼 수 있도록 하자.

누군가가 관리를 하고 필요시에 메일이나 카톡으로 순간의 기록들을 보내주기로 한다면 그 순간은 영원히 아름다운 추억으로 기억될 것이다. 꼭 해운대해수욕장이 아니라도 좋다. 각 관광지마다 그러한 공간이 마련된다면 그 지역을 방문하는 여행객들에게 침향보다도 더 여운이 남을 찐한 감동스토리가 되지 않을까 생각해 본다.

김동률 작사/작곡하고 김원준이 노래해 히트한 “SHOW”를 소개한다.

*쇼! 끝은 없는 거야! 지금 순간만 있는 거야!*
*난 주인공인 거야! 세상이라는 무대 위에!*
*쇼! 룰은 없는 거야! 내가 만들어가는 거야!*
*난 할 수 있을 거야! 언제까지나*

*내 주위를 스쳐 간 그 누군가 말했지*
*우리네 화려한 인생은 일 막의 쇼와 같다고*
*커튼이 내려진 텅 빈 무대 뒤켠엔*
*오늘도 또 하루를 사는 내가 있는 거야*

*날 지켜봐 줘 넌 모르는 멋진 내 모습은*
*늘 가려졌던 거야 이제 너에게 보여줄게*

*쇼! 끝은 없는 거야! 지금 순간만 있는 거야!*
*난 주인공인 거야! 세상이라는 무대 위에!*
*쇼! 룰은 없는 거야! 내가 만들어가는 거야!*
*난 할 수 있을 거야! 언제까지나 너와 함께*

*귀 기울여 줘 너를 위해 부르던 노래는*
*늘 묻혀왔던 거야 이제 너에게 들려줄게*

*쇼! 끝은 없는 거야! 지금 순간만 있는 거야!*
*난 주인공인 거야! 세상이라는 무대 위에!*
*쇼! 룰은 없는 거야! 내가 만들어가는 거야!*

*난 할 수 있을 거야! 언제까지나 영원히*

*쇼! 끝은 없는 거야! 지금 순간만 있는 거야!*
*난 주인공인 거야! 세상이라는 무대 위에!*
*쇼! 룰은 없는 거야! 내가 만들어가는 거야!*
*난 할 수 있을 거야! 언제까지나 너와 함께*

## 해운대엘레지

"해운대엘레지"는 한산도(1932~1998) 작사/백영호(1920~2003) 작곡으로 1세대 트로트 가수 손인호(1926-2016)가 불러 히트한 곡이다. 1958년 발표되었으며 이미자, 조용필, 주현미, 김용임이 다시 불러 히트했으며 지금까지 애창되고 있는 가요명곡이다.

그러한 가요명곡의 노래비가 해운대해수욕장 해변에 있다. "돌아와요 부산항에" 노래비를 지나 50미터쯤 더 가면 나오는데 흘러간 옛 노래 정도로 기억되는 것 같아서 애석한 마음이 든다.

그래도 가요를 사랑하는 민족의 정서를 반영하여 노래에 담긴 청춘남녀의 애틋한 연가를 되새겨본다.

*해운대엘레지(가수 손인호)*

*언제까지나 언제까지나 헤어지지 말자고*
*맹세를 하고 다짐을 하던 너와 내가 아니냐*

*세월이 가고 너도 또 가고 나만 혼자 외로이*
*그 때 그 시절 그리운 시절 못잊어 내가 운다.*

*울던 물새도 어데로 가고 조각달도 흐르고*
*바다마저도 잠이 들었나 밤이 깊은 해운대*
*나는 가련다 떠나가련다 아픈 마음 안고서*
*정든 백사장 정든 동백섬 안녕히 잘 있거라.*

*백사장에서 동백섬에서 속삭이던 그 말이*
*오고 또 가는 바닷물 타고 들려오네 지금도*
*이제는 다시 두 번 또 다시 만날 길이 없다면*
*못난 미련을 던져버리자 저 바다 멀리 멀리.*

## 2002 월드컵 응원전

대한민국! 대한민국! 붉은악마의 우렁찬 목소리가 지금도 생생하다. 그 때만큼 우리 국민이 한마음 한뜻으로 한목소리를 내었던 적이 있었는가? 반문해 본다. 집집마다 붉은 유니폼을 입고 16강, 8강, 4강, 3~4위전까지 아파트가 떠나가도록 응원을 했던 기억은 히딩크라는 축구감독의 신화만큼이나 아름다운 추억으로 남아있다.

서울에서는 상암 축구경기장에서 각 지역에서도 권역을 나누어 운동장 등에서 대형 스크린을 설치하고 응원을 하였는데 부산에서도 종합운동장과 해운대해수욕장에 대형 스크린을 설치하고 응원을 하였다.

대한민국! 대한민국! 더운 여름날 붉은 유니폼을 입고 목청이 터지라 응원을 하며 승리를 염원했던 날들이 과거의 어느 날이 되어 뭉게구름 처럼 새록새록 기억이 떠오른다.

남녀노소 청춘남녀 모두가 한마음으로 모였다. 순수하게 대한민국의 승리를 응원하였고 월드컵을 즐겼다. 그 때 조금만 더 젊었더라면 좀 더 힘차게 응원하였을 텐데 하는 아쉬움이 남아있다.

## 소원 발자국

해돋이의 명소로는 서울과 경기 강원 등 각 지역별 특성들이 있겠으나 부산 근교의 명소를 들면 포항 호미곶과 간절곶, 경주 남산이나 문무대왕릉이 있으며, 부산 시내에는 해운대해수욕장과 광안리해수욕장 그리고 송정해수욕장이 있다.

해마다 새해 해돋이를 보기 위해 해운대해수욕장을 찾는 사람들이 많다. 해운대해수욕장은 동백섬을 끼고 있어 동백섬에서 바라보는 일출과 해수욕장에서 바라보는 일출은 그 느낌이 다르다. 해가 뜨기 전의 망망대해와 바다를 가르고 그 해의 풍년을 기원하는 뱃사람들의 통통배는 가슴을 설레이게 한다.

해가 떠오르면 모두가 '우와' 함성을 지르며 사진과 동영상을 찍으며 소원을 빈다. 각자의 가슴마다 한가득 담아 가족의 건강과 행복을 추억을 담아간다. 해가 저만치 올라오면 그 많았던 인파는 언제 그랬나 싶을 정도로 조용해 지면서 그들의 발자국만 해변 백사장에 남아있다.

수많은 소원 발자국을 말로 표현할 수는 없지만, 허공에 때로는 그 발자국의 흔적에서 무엇을 말하는지 유추하기도 한다. 그 발자국 중에는 나의 소원 발자국이 있다. 나의 소원 발자국은 세계인이 평화롭고 행복하게 잘사는 것이다. 여러분의 소원 발자국은 무엇인가?

## ❂ 지스타 게임 피날레

어디서 주최하는지는 모르지만 G스타게임 대회는 해운대 벡스코에서 해마다 개최해 왔다. 수많은 청소년들이 게임의 주인공이 되어 미래의 게임산업을 선도해 오고 있으며 홍보의 수단으로 활용되어 오는 것 같다.

통상적으로 2박3일 일정으로 벡스코에서 열리는 G스타게임 대회는 각 게임 메니아들의 차기 게임의 흥행에 필요한 창작홍보 부스와 각종 시상식 등으로 활발하게 진행되고 있으며 수많은 인파들로 미리 입장표를 예매하지 않으면 입장이 어렵다.

작년에 작은 아들이 게임대회에 갔다가 커다란 종이박스에 한가득 선물을 가져와서는 방바닥에 방치하여 며칠간 보았던 적이 있다. 속으로 아직도 게임에 시간을 허비하고 있나 하고 지켜 보았지만 세대에 따라 그 놀이문화가 다르기에 좋은 쪽으로 보기로 하였다.

나의 짧은 생각으로 게임은 시간을 훔치는 도적같은 것이라고 생각하였지만 북경 아시안게임의 게임종목으로 채택되어 우리나라가 금메달을 따는 것을 보고 생각을 바꾸기로 했다.

농경사회에서는 방과 후 운동장에서 친구들과 어울려 공을 차거나 소를 기르거나 다른 취미활동을 통해 소통문화가 이루어 졌다면 지금은 온라인 상에서 같은 게임을 통해 상호 소통하고 친해지는 문화의 장으로 인식되는 것 같다.

많은 부모들이 자녀들의 게임문화에 대하여 나의 생각과 같이 시간을 훔치는 도적으로 부정적인 생각을 가지고 있는데 세월이 바뀌면 놀이문화도 바뀐다는 인식을 가졌으면 좋겠다.

해가 저물어 노을이 지고 굴뚝에는 하얀 연기가 피어오르고 배꼽마당(동네 한가운데에 중심이 되는 큰 마당)에서 구슬치기 딱지놀이 자치기 땅따먹기로 시간 가는 줄도 모르고 동네 아이들과 뛰어놀던 시절 저녁 먹으러 오느라 하고 엄마가 부르는 소리에 내일 보자며 마냥 즐거웠던 그때를 추억해보면 왜 자녀들이 게임에 빠져드는지를 이해하려고 노력해야 참된 부모라 생각해 본다.

우연히 해변을 걷다가 불꽃놀이를 보게 되었다. 예정된 행사가 아니었는데 뭐야 하고 하늘의 불꽃을 보며 환호하는 사람들을 보며 함께 즐거웠던 순간을 회상해 본다. 알고 보니 G-Star 대회 피날레 밤 행사를 해수욕장앞 바다에서 한 것이다. 수많은 인파에 갇혀 다소 불편하였지만 행사장에 모인 사람들과 축제를 즐기는 사람들을 보며 해운대에 사는 즐거움 중의 하나로 기억하고 싶다.

코로나19 기간 중 움쳐렸던 가슴을 설레이게 했던 BTS의 명곡 ‘dynamite’를 소개한다.

'Cause I-I-I'm in the stars tonight

나는 오늘 밤 별같은 존재이니까
So watch me bring the fire and set the night alight
그러니 내가 불빛을 가져다 이 밤을 밤새 밝히는 것을 봐
Shoes on, get up in the morn' 아침에 일어나 신발을 신고
Cup of milk, let's rock and roll
우유 한 잔을 마시고 락앤롤을 즐기자
King Kong, kick the drum, rolling on like a Rolling Stone
킹콩처럼 드럼을 두드리고, 롤링 스톤 처럼 굴러보자
Sing song when I'm walking home
집으로 걸어갈 때는 노래를 불러
Jump up to the top, LeBron 꼭대기까지 르브론처럼 뛰어올라가
Ding dong, call me on my phone 딩동 내 폰에 전화를 해
Ice tea and a game of ping pong, huh
아이스 티와 탁구 한 게임, 하!
This is getting heavy 점점 더 달아오르고 있어
Can you hear the bass boom? I'm ready (woo hoo)
베이스 울림이 들리니? 난 준비됐어 (우후)
Life is sweet as honey 삶이란 꿀처럼 달콤해
Yeah, this beat cha-ching like money, huh
그래, 이 비트마저 멋들어졌네, 하
Disco overload, I'm into that, I'm good to go
디스코는 꽉 찼고, 나는 거기 빠졌고, 난 갈 준비 끝났어
I'm diamond, you know I glow up
너도 알다시피 나는 다이아몬드처럼 빛나는 존재야.

Hey, so let's go 자, 함께 출발하자!
'Cause I-I-I'm in the stars tonight
나는 오늘 별과 같은 존재이니까
So watch me bring the fire and set the night alight (hey)
그러니 내가 불빛을 가져다 이 밤을 밤새 밝히는 것을 봐 (헤이)
Shining through the city with a little funk and soul
약간의 펑크와 소울과 함께 이 도시를 뚫고 찬란하게 빛날거야
So I'ma light it up like dynamite, whoa oh oh
그렇게 난 다이너마이트처럼 빛나게 될거야, 워 오 오
Bring a friend, join the crowd 친구를 데려와, 군중에 합류해
Whoever wanna come along 함께 하고 싶다면 얼마든지 와
Word up, talk the talk 말을 꺼내, 수다를 떨어
Just move like we off the wall
아무런 통제없이 자유롭게 움직여봐
Day or night, the sky's alight 낮이든 밤이든, 하늘은 항상 옳지
So we dance to the break of dawn (hey)
그러니 우리는 새벽까지 춤을 추자 (헤이)
Ladies and gentlemen, I got the medicine
신사 숙녀 여러분, 제게 처방이 있습니다
So you should keep ya eyes on the ball, huh
그대들이 목표를 잃지 않도록, 하
This is getting heavy 점점 더 달아오르고 있어
Can you hear the bass boom? I'm ready (woo hoo)
베이스 울림이 들리니? 나는 준비됐어 (우 후)

Life is sweet as honey 삶은 꿀처럼 달콤해
Yeah, this beat cha-ching like money
그래, 이 비트마저 멋들어졌네
Disco overload, I'm into that, I'm good to go
디스코는 꽉 찼고, 나는 거기 빠졌고, 난 갈 준비 끝났어
I'm diamond, you know I glow up
너도 알다시피 나는 다이아몬드처럼 빛나는 존재야.
Hey, so let's go 자, 함께 출발하자!
'Cause I-I-I'm in the stars tonight
나는 오늘 별과 같은 존재이니까
So watch me bring the fire and set the night alight (hey)
그러니 내가 불빛을 가져다 이 밤을 밤새 밝히는 것을 봐 (헤이)
Shining through the city with a little funk and soul
약간의 펑크와 소울과 함께 이 도시를 뚫고 찬란하게 빛날거야
So I'ma light it up like dynamite, whoa oh oh
그렇게 난 다이너마이트처럼 빛나게 될거야, 워 오 오
Dy-na-na-na, na-na, na-na-na, na-na-na, life is dynamite
다이나나나, 나나, 나나나, 나나나, 삶은 다이너마이트
Dy-na-na-na, na-na, na-na-na, na-na-na, life is dynamite
다이나나나, 나나, 나나나, 나나나, 삶은 다이너마이트
Shining through the city with a little funk and soul
약간의 펑크와 소울과 함께 이 도시를 뚫고 찬란하게 빛날거야
So I'ma light it up like dynamite, whoa oh oh
그렇게 난 다이너마이트처럼 빛나게 될거야, 워 오 오

Dy-na-na-na, na-na, na-na, ayy 다이나나나, 나나, 나나, 예이
Dy-na-na-na, na-na, na-na, ayy 다이나나나, 나나, 나나, 예이
Dy-na-na-na, na-na, na-na, ayy 다이나나나, 나나, 나나, 예이
Light it up like dynamite 다이너마이트 만큼이나 밝을거야
Dy-na-na-na, na-na, na-na, ayy 다이나나나, 나나, 나나, 예이
Dy-na-na-na, na-na, na-na, ayy 다이나나나, 나나, 나나, 예이
Dy-na-na-na, na-na, na-na, ayy 다이나나나, 나나, 나나, 예이
Light it up like dynamite 다이너마이트 만큼이나 밝을거야
'CSo watch me bring the fire and set the night alight (hey)
그러니 내가 불빛을 가져다 이 밤을 밤새 밝히는 것을 봐 (헤이)
Shining through the city with a little funk and soul
약간의 펑크와 소울과 함께 이 도시를 뚫고 찬란하게 빛날거야
So I'ma light it up like dynamite, whoa oh oh
그렇게 난 다이너마이트처럼 빛나게 될거야, 워 오 오
'Cause I-I-I'm in the stars tonight 나는 오늘 별과 같은 존재이니까
So watch me bring the fire and set the night alight (alight, oh)
그러니 내가 불빛을 가져다 이 밤을 밤새 밝히는 것을 봐 (좋아, 오)
Shining through the city with a little funk and soul
약간의 펑크와 소울과 함께 이 도시를 뚫고 찬란하게 빛날거야
So I'ma light it up like dynamite, whoa (light it up like dynamite)
그렇게 난 다이너마이트처럼 빛나게 될거야, 워어
(다이너마이트 처럼 빛날거야)
Dy-na-na-na, na-na, na-na-na, na-na-na, life is dynamite

다이나나나, 나나, 나나나, 나나나, 삶은 다이너마이트
Dy-na-na-na, na-na, na-na-na, na-na-na, life is dynamite
다이나나나, 나나, 나나나, 나나나, 삶은 다이너마이트
Shining through the city with a little funk and soul
다이나나나, 나나, 나나나, 나나나, 삶은 다이너마이트
So I'ma light it up like dynamite, whoa oh oh
그렇게 난 다이너마이트처럼 빛나게 될거야, 워어어
출처: https://brilliantkorean.tistory.com/entry/BTS- 방탄소년단 -DYNAMITE-다이너마이트-가사-뜻과-해석 [brilliantkorean: 티스토리]

## 모래축제

생각대로 상상하는 대로 다 될까?

모래를 갈고 닦고 비비고 부비며 작품들을 만들어 낸다. 아인슈타인이 탄생하기도 하고 파리의 에펠탑이 만들어지기도 한다. 해운대해수욕장 넓은 해변에는 모래로 만들어진 수많은 조형물이 사람들을 끌어들인다.

그리고 아이들의 체험부스에는 젊은 아빠 엄마와 함께 상상의 작품들을 만들며 기뻐하는 아이들을 본다. 체험에 참여하는 사람들은 사전 참가신청을 하기도 하겠지만 즉석에서 참여도 가능한 것으로 5월이 되면 해마다 해운대구청에서 운영하고 있다.

직접적인 참여도 좋지만 산책을 즐기며 볼거리를 구경하는 것이 얼마나 큰 기쁨인지 직접 와서 봐야 알 수 있을 것이다.

해운대 모래축제는 세계의 작가들이 모여 해마다 다양한 주제로 훌륭한 작품들을 만들어 전시하고 있다. 금방 사라질 것 같으면서도 무슨 마술을 부렸는지 모래로 만든 작품들은 선명하게 그대로 보여준다.

작품들을 배경으로 사진을 찍고 동영상을 찍으며 추억으로 간직한다. 그냥 지나치기엔 너무나 훌륭한 작품들이라 얼른 스마트폰을 꺼내어 기록으로 남긴다.

운이 좋으면 모래축제 전야제를 즐길 수 있기도 하다. 신나는 음악과 함께 공연을 볼 수 있는 행운은 해운대에서 살아가는 기쁨이기도 하다.

## 북극곰 수영대회

차가운 바람이 불고 추운 겨울날 어떻게 바다에 뛰어들까?

파란 하늘엔 갈매기가 날고 푸른 파도가 넘실대는 해운대해수욕장에서 모험을 즐기는 사람에겐 좋은 추억으로 남아있다. 해마다 세계인들이 모여 즐기는 축제로 자리매김한지도 벌써 많은 세월이 흘렀다.

부산일보가 주최하고 해운대구가 후원하는 축제로 2023년 36회째 행사가 진행되고 있다. 물론 2021년 코로나와 기상이변 등으로 2년간 행사가 정상적으로 진행되지 않았지만 세계인의 축제로 사랑받고 있다.

수영을 사랑하는 동호회와 써클 등 수영선수들이 먼저 입수하여 수영대회를 치루고 일반 참가자들이 북극곰의 퍼포먼스에 따라 겨울바다의 진수를 느끼는 추억은 참 오랫동안 아름다운 추억으로 간직될 것 같다.

가족과 친구 동호회 등 다양한 참가자들이 차가운 겨울바다에 뛰어들어 즐거움을 만끽하는 상상만 하여도 다이돌핀이 솟아오른다. 본인이 좋아하는 여행 도전 체험 등 취미활동을 통해 인생을 풍요롭게 하는 경험은 우리가 살아있다는 증거이며 살아가는 이유인지도 모른다.

북극곰 수영대회 참가자들은 해수욕장 주변의 온천탕에서 온천욕을 즐길 수 있는 무료 티켓을 제공받아 몸과 마음의 힐링을 동시에 느끼기에 참 좋다는 생각이다.

새벽 산책길의 어느 날 수영을 마친 수영 동호회 회원들이 삼삼오오 앉아서 담소를 나누며 행복감에 젖어 있었다. 도심 한가운데서 아침 바다에 수영을 즐긴다는 것은 큰 행운이며 축복이다. 라고 하며 그 어떤 것과도 바꿀 수 없는 취미활동으로 자리매김하였다.

## 해운대 아쿠아리움

주말이면 아쿠아리움에 가기 위한 차량들로 1개 차선이 마비가 된다. 빽빽한 차량들로 막힌 해운대의 진입 차량들이 시원하게 진입할 수 있도록 주차문제를 해결하는 방법을 생각해 본다. 아쿠아리움 지상 조형물들을 철거하고 주차공간을 확보하던지 지하를 해운대해수욕장 아래로 넓게 조성을 하던지 해서 주차 공간을 더 넓게 확장할 필요가 있어 보인다.

아쿠아리움은 자녀들의 초등학교 시절에 아이들의 꿈과 상상력을 키운다. 상어와 커다란 바다 고기들이 마음껏 헤엄치며 노는 모습들을 직접 보지 않고는 모를 일이다.

해운대에 살면서 아이들 손잡고 온 가족이 함께 아쿠아리움에 입장했다. 해운대 구민으로 할인된 금액으로 입장할 수 있어서 참 뿌듯하고 가까이서 이렇게 아름다운 바닷속의 풍경과 고기들을 볼 수 있어서 기쁘다. 그런데 저 바닷속의 고기들은 무엇을 먹으며, 잠은 어떻게 자고, 숨은 어떻게 쉴까? 궁금해하는 아이들에게 감사를 했다.

어항의 바닷속에 잠긴 물고기들이 불쌍했다.

최근 용인 에버랜드 푸바오의 인기가 하늘을 치솟는다. 해외에서 판다 새끼가 탄생하는 경우 유전자 검사와 친구들을 만나기 위해 원 고향인 중국으로 보내진다고 한다.

친근감 있는 푸바오처럼 해운대의 아쿠아리움도 꼭 보고 싶은 순위 1위에 올라 아이들의 미래와 희망으로 가득했으면 좋겠다.

## BIDF와 해운대

벌써 20회를 맞이하는 부산국제무용제(BIDF : Busan International Dance Festival) 행사가 해마다 해운대해수욕장에서 개최된다. 특설무대를 설치하고 세계의 춤꾼들이 참여하여 부산의 축제행사로 거듭나고 있다.

어린아이에게는 희망을 청소년에게는 소중한 꿈을 실현시키는 행사로 함께 즐기고 춤추는 문화공간이다.

올해도 운이 좋게 춤행사의 피날네를 볼 수가 있었다. 동해남부선 옛 철로를 경유하여 구남로를 따라 해운대해수욕장 바닷가 산책로를 걸으며 무대에서 즐거운 음악에 맞추어 춤추는 사람과 구경꾼들 사이로 부산국제무용제의 대미를 장식하는 순간을 즐기는 기쁨은 큰 행운이었다.

해운대해수욕장을 걸으며 늘 느끼는 감동이지만 동서양을 불문하고 많은 사람들이 해운대해변을 즐긴다는 것과 해운대 해변에는 해변아티스트들이 있고 거기에 참여하는 사람과 모래사장, 하얀 파도와 등대, 등대 너머로 반짝이는 불빛들과 아름다운 밤하늘의 별들, 그리고, 시원하게 불어오는 바람! 여름이 오면 왜 많은 사람들이 해운대를 찾는지 알 것만 같다.

사랑하는 가족과 함께, 연인과 함께, 친구와 함께 쌓여가는 사랑과 우정은 해운대를 찾는 사람들의 특권이며 존재의 이유이기도 하다.

낮은 낮대로, 밤은 밤대로, 해운대의 밤은 잠들지 않는다.

부산국제무용제 홈페이지에 실려있는 2024 BIDF 신은주 운영위원장의 인사말을 그대로 옮겨본다.

안녕하십니까?

2024년은 부산국제무용제가 20주년을 맞이하는 해입니다.

2005년 광안리해변에서 부산 무용인들의 간절한 소원들이 하나로 모아져 부산국제무용제가 탄생했습니다. 부산국제무용제는 부산 무용의 역사를 바꿔 놓은 큰 족적을 남겼습니다. 부산 무용계 뿐만 아니라 한국 전체 무용계를 선도해왔으며, 수많은 세계적인 무용단들이 부산국제무용제를 통해 기량을 과시해왔습니다. 이제는 세계적인 무용단들이 부산국제무용제의 무대에서 공연하기를 원한다는 요청서들이 들어오고 있을 정도로 부산국제무용제의 모습이 많이 발전했다고 자신있게 말할 수 있습니다.

2005년에 시작된 축제 발전의 원동력은 도전과 진취, 긍정의 정신 이었습니다. 우리의 초심이라 말씀드리고 싶습니다. 이 정신은 언제나 기억하고 간직해야 한다고 말씀을 드리고 싶습니다. 그리고 20주년의 발전된 모습은 우리는 하나이며 우리가 함께 노력하면 무엇이든 이룰 수 있다는 자신감을 가질 수 있게 합니다.

여러분들께 감사드리며 아울러 부탁드리고 싶습니다. 부산에서 시작된 무용축제의 역사를 기억해주시고 부산 예술인들의 노력과 헌신을 소중히 여겨 주시기를 간곡히 부탁드립니다. 그리고 20년동안 아낌없는 지원을 해 주신 부산광역시와 부산시의회, 여러 기관들의 후원과 협력에도 깊이 감사드립니다.

20년을 이끌어 오신 원로 무용 예술인 선생님들과 선후배 무용인들에게도 감사의 인사를 올립니다. 어느 해보다 더 나은 20주년 행사 준비를 위해 애써 주신 조직위원회 여러분들과 사무국 직원들, 그리고 무대 스텝 분들, 자원봉사자 여러분들께 감사드립니다.

세계의 시민여러분 부산으로 오십시오. 역동적인 부산에서 춤으로 여러분들을 맞이하겠습니다.

감사합니다.

## 해운대해수욕장

해수욕장 하면 해운대! 여름휴가 1순위 하면 해운대해수욕장이 아닐까? 오래전부터 유명한 곳이라 설명이 필요 없을 것이다. 여름이 오면 수많은 해수욕객을 비켜 조선비치에서 미포까지 부표를 따라 헤엄을 치며 즐기는 기쁨은 어릴 적 낙동강의 개구리 헤엄에서 배운 실력으로 물이 무섭지가 않은 즐거운 놀이터였기 때문이다.

해수욕장 해안선을 따라 식재된 송림공원은 여느 해안의 풍경처럼 고즈넉하고 아름답다. 송림공원에 있었던 농구대와 족구장은 우리 아이들의 놀이터였는데 지금은 아련한 추억의 장소가 되어버렸다. 그곳에는 수국과 쉼터로 변모해 옛 모습을 찾아볼 수가 없다.

나무위키에 실린 해운대해수욕장 개요와 역사 등을 보면 다음과 같다.

부산광역시 해운대구에 위치한 해수욕장. 광안대교와 더불어 외지인들에게 가장 유명한 부산광역시의 양대 랜드마크이다.

대한민국 최대규모와 면적을 자랑하며, 도심과 부촌 스카이라인 근처에 위치한 해변이라는 특수성 덕에 많은 사람들이 살고 싶은 곳으로 손꼽힌다이 때문에 7월~8월 성수기엔 전국에서 몰려드는 관광객들로 인해 가장 붐비는 해수욕장으로 유명하다. 가히 국내 해변의 상징과도 같은 곳.

이외에도 독일의 공영방송사 ZDF와 미국 주요 언론사에서도 세계 3대 해수욕장이라 평가할 정도로 국외에서의 인지도도 꽤 높아 외국인 관광객도 매우 많이 방문하는 곳이다. 즉 매년 국내 최고의 여름 휴가철 여행지 부동의 1순위이다.

행정구역상으론 서쪽 절반은 우1동, 동쪽 절반은 중1동에 걸쳐 있다.

역사를 살펴보면

예로부터 명승지로 유명했는데, 해운대라는 이름은 통일신라시대의 문인 최치원이 소나무와 백사장이 어우러진 이곳의 경치에 감탄해 자신의 호인 해운(海雲)에서 따서 붙인 것이다. 조선팔경(대한팔경) 중 하나로도 꼽히기도 했다. 인근에는 온천도 나와 일제강점기에도 휴양지로 인기를 끌었다.

모래사장으로서의 해운대 해변은 수천 년 전부터 동백섬과 중동의 언덕이 파도에 의해 침식되어 생성된 모래가 퇴적되어 만들어졌다. 해운대해수욕장은 꽤 오래전부터 모래사장 해변이었던 걸로 기록되어 있으며 조선시대에도 근처 주민들이 어획하러 바다에 나가기 위해 배를 내렸던 기록이 있다.

해운대가 휴양지로서 사용되기 시작한 것은 1876년, 강화도 조약에 의해 부산항이 개항하자 일본인들이 이 해변으로 찾아와서 해수욕을 즐겼던 것이 시초다. 일제강점기에는 근처 학교의 교사들이 학생들의 체력 단련과 수영 교육 등을 위한 장소로도 사용하였다.

본격적인 관광지로 인기를 끈 것은 1934년 동해남부선 철도가 개통된 이후부터이다. 1934년 7월 16일 부산진-해운대 구간이 개설되면서 해운대에 동해남부선이 지나가게 되었고, 같은 해 12월 16일에는 해운대-좌천 구간이 개설되었다. 동해남부선이 개통되기 전의 해운대는 접근성이 떨어져서 명소긴 했어도 관광객들이 북적이는 일상적인 휴양지로 이용하기에는 어려운 점이 많았다.

동해남부선이 개통되고 해운대의 입지가 올라간 이후에도 여전히 당시 부산 최고의 휴양지는 시가지에서 가까운 송도해수욕장이었다. 하지만 해방 이후 해운대해수욕장이 꾸준히 개발되고 반대로 송도해수욕장의 수질은 악화되면서 21세기에는 양 해수욕장의 입지가 완전히 뒤바뀌었다.

한국전쟁 직후 약 10년간, 동백섬 주변은 미군의 휴양지인 '비치클럽'으로 지정되어 개발과 접근에 제한이 있었다. 전쟁 도중 수륙양용전차의 출입을 용이하게 하기 위해 근처의 소나무들을 모두 베어버리고 상륙지점으로 만든 것이었는데, 이것이 전후 휴양지로 탈바꿈한 것이다. 이렇게 군인 시설이 되었기 때문에 일시적으로 해운대의 발전은 늦추어졌다. 다만 일반인들이 출입이 아예 불가능한 것은 아니었는지, 당시 미군을 상대로 초콜릿 구걸을 하던 아이들이 백사장에 자주 왔었다고 한다. 송림공원과 노보텔 호텔, 엘시티 인근에는 미군 수송부대가 주둔하고 있었고, 지금은 사라진 집창촌도 원래는 이 미군부대를 상대로 생겨난 곳이었다.

이후 미군휴양지가 해제되고 1965년을 기점으로 일반에 공개되었으며, '해운대해수욕장' 이라는 이름으로 개장했다. 이에 맞추어 본래 장산 일대에 들어설 예정이었던 테마파크 등 관광단지 계획을 전면 수정하여 해운대 신시가지로 추진한 결과, 부산 시가지가 해운대구까지 확장되는 경제효과가 일어났다. 1990년대 이후에는 해수욕장 주변까지 완전히 개발되어 오늘날에 이르러서는 과거의 소나무숲이 우거진 전원적인 풍경은 거의 사라지고, 초고층 빌딩과 특급 호텔에 둘러싸인 현대적인 분위기의 도시 해변으로 변모하게 되었다.

2015년에는 개장 50주년을 맞아 모래사장의 폭을 50년 전 개장 당시의 폭으로 복원하였다.

일각에는 "해운대는 외지인들이 몰려와서 노는 곳이고 정작 부산사람들은 송정해수욕장이나 임랑해수욕장에 가서 논다"는 이야기가 있었다. 그래서 송정해수욕장이 해운대보다 덜 붐빈다고 알려져 있지만 송정해수욕장이 해운대보다 덜 붐빈다는 것도 어디까지나 상대적으로 그렇다는 거지, 이젠 외지인들도 해운대의 유명세를 잘 알고 광안리와 송정으로 알아서 분산되기 때문에 성수기에는 다 미어터진다. 게다가 부산에서 상대적으로 덜 유명한 해수욕장인 일광이나 임랑도 미어터지는 기현상이 발생한다. 특히, 광안리는 광안대교가 개통된 이후 해운대에 버금가는 관광객을 자랑하게 되었다. 다만 여름 성수기로 비교하자면 바다에 들어가는 해수욕장 이용객들의 수는 여전히 해운대가 압도적으로 많다.

물론 그래도 해운대라는 이름이 가지는 상징성은 여전하다보니 매년 여름 휴가철 인파를 소개하는 언론 기사에는 "부산 해운대에 몇십만명의 인파가 몰렸다"는 멘트가 빠짐없이 등장하며 부산 관광을 오면 해운대를 최소한 한 번 들르기라도 하는 경우가 많다. 2013년 1,500만이 방문한 해운대 피서객 수의 위엄. 다만 부산시에서 발표하는 피서객 수는 기본적으로 주먹구구인데다 이나마도 해운대해수욕장을 제외한 바닷가는 해운대에 맞춰서 비율을 가감한다고 하니 실제 통계와는 거리가 멀 수밖에 없다. 실제 통계를 내는 학자들은 40%까지 허수로 보는 듯하다. 부산시 발표를 그대로 믿으면 부산시에는 피서객이 2달동안 2400만이 방문하는 거다.

해수욕장 중앙 뒤쪽에 가면 가장 큰 번화가인 구남로가 있다. 신해운대역과 도시철도 해운대역을 해수욕장과 이어주는 거리이기도 해서 관광객들에게 편리한 이동을 제공한다. 먹거리도 많고 해운대시장과도 연결되어 있어 놀러온 사람들의 해수욕장 다음가는 주요 거점 중 하나다. 예전부터 인도가 좁고 중간에 차선만 빵

뻥 뚫려 있어 불편하고 안전 문제도 생겨 최근에 차로를 인도 옆 끝 두 개만 남기고 중앙은 모두 광장 형식으로 메웠다. 덕분에 미관상으로도 꽤 좋아졌고 주요 행사를 벌이기도 용이하다. 주기적으로 프리마켓도 하고, 버스킹 영역도 넓어졌다. 작정하고 깔아놓은 분수쇼도 자주하니 한번 꼭 가보자. 구남로는 24시간 주정차 단속 구간이니 시간대 상관없이 주정차를 하지 말자.

스타벅스의 국내 두번째 플래그십 스토어인 스타벅스 더해운대R점이 있다. 해운대 해수욕장의 경치와 더불어 고지대에서 전망을 관람할 수 있는 해운대 엑스더스카이점이 엘시티 엑스더스카이 전망대에 있다.

해운대 물이 더럽다는 평이 부산 사람들 사이에서도 널리 퍼져 있는데 실제로 수질이 매우 좋은편이다. 오히려 부산시내 해수욕장이나 전국 다른 해수욕장에 비해서 평균적으로 수질이 가장 좋은편이다. 사람들 때문에 더러워진다는 말도 사실이 아닌 것이 수십만 인파가 물에 들어간다고 하더라도 수질엔 큰 영향이 없다. 애초에 수질이 나쁘면 해수욕장으로 개장이 불가능하다. 게다가 막대한 자본을 써가며 수질검사도 하고 지나칠 정도로 정화 활동도 하면서 수질을 깨끗하게 관리하고 있기 때문에 걱정안해도 된다.

사람들이 너무 많아서 물장구를 치다가 발가락에 무엇이 걸려서 물밖으로 꺼내 보면 옆에서 헤엄치던 어느 여성분의 비키니 브래지어여서 놀라기도 하고. 썰물때 주변 인파에 안심하고 튜브를 끼고 헤엄을 열심히 치다 보면 발이 땅에 전혀 닿지 않는다. 그래서 사람들이 깞은 해변 가까이에만 노는 나인데 왜 이러지 이러면 바로 옆으로 빨간색 부표(Buoy)가 이런 깊이에 수심은 사람들이 많아서 경고도 지쳤다는 듯이 떠있고. 여름에는 만원 상황인 목욕탕물에서 노는 느낌과 수질을 거의 항상 내방객들에게 제공하였다. 해외로 타지 관광객들이 빠져나가고 부산 시민들도 해운대 인산인해 악평을 일부러 좀 피하며 썰렁해진 요즘엔 상상도 할 수 없는 옛이야기이다.

저녁의 해운대해수욕장은 광안리 해수욕장과 더불어 버스킹이 매우 활성화 되어 있는 곳이다. 날씨가 추운 12월~2월을 제외하고는 해수욕장을 거닐다 보면 각종 버스킹 공연이 펼쳐져 있으며, 버스킹 뿐만 아니라 마술, 저글링 등 묘기쇼도 볼 수 있다. 해운대를 거점으로 활동하는 버스커들도 꽤나 있다. 게다가 성수기 때는 홍대에서 활동한 인디밴드들도 참여하는 등 지방에서의 버스킹 성지라 해도 과언이 아닐 정도.

참고로 작정하고 호텔을 잡고 해변을 즐길 생각으로 오면 더할 나위 없이 좋은 곳이지만, 그냥 겸사겸사 당일치기로 와서 해변을 구경하면서 먹거리 같은 다른 것도 같이 즐길 생각이라면 그다지 좋은 곳은 아니다. 해운대 인근에는 호텔이 많지만 정작 상업시설은 좀 멀다. 특히 바다를 보며 회를 먹을 생각이라면 해운대보다 광안리가 훨씬 낫다.

해수욕장과 거리가 가까운 시내에서는 해변도 아닌 곳에서 비키니를 걸친 채로 길거리를 다니는 사람들도 여름철 한정으로 생각보다 꽤나 목격할 수 있다. 해운대 바닷가와 길거리가 워낙 가깝기도 하고 비키니를 입는 여자 양아치가 워낙 많아서 바닷가 근처1km 정도는는 상당수가 저렇게 다니는 경우를 많이 볼 수 있다. 여름 휴가철에 해수욕장 가면, 인근 편의점이 수영복 차림의 남녀들로 편의점이 북새통을 이루기도...

매년 봄에는 모래축제, 여름에는 부산바다축제가 열리고, 겨울에는 북극곰수영대회, 해운대 빛축제를 개최하는 등 축제가 많은 편이다.

2024년 5월 모래축제 일정을 보면 5월 24일부터 5월 26일까지 3일 동안이며, 전시는 6월 9일까지 진행되었다.

교통편을 살펴보면

주말과 여름 피서철에는 지옥이나 다름 없는 교통정체가 종종 발생한다. 인근을 연결하는 도로는 해운대로와 해운대해변로 두 개 뿐인데 그 중 해운대해변로가 차량정체가 매우 심한 상황이다. 사실상 전 구간이 도로정체가 발생한다고 생각하면 된다.

해수욕장 주변에는 무료 주차장은 없다. 공영주차장은 해운대광장공영주차장, 동백공영주차장, 동백공원공영주차장 이지만 이마저도 주차댓수가 턱없이 적고 해운대광장공영주차장은 피서철에는 폐쇄를 한다. 이에 사설주차장을 이용할 수 밖에 없으나 이 또한 해수욕장의 규모 대비 주차댓수가 턱없이 적어서 성수기에는 모든 곳이 상시 만차 상태나 다름없으며 심지어 꽤 먼 달맞이고개 공영주차장에 세우고 걸어가려 해도 거기도 만차인 건 마찬가지. 가급적이면 대중교통을 이용하는게 훨씬 편하다.

부산 도시철도 2호선 해운대역 3번, 5번 출구에서 도보 5분 거리에 있다. 동백역 1번 출구에서도 걸어갈 수 있으며 만약 해변 서쪽으로 가야 한다면 해운대역보다 동백역에서 걸어가는 것이 더 가깝다. 해운대해수욕장 바로 앞까지 오는 노선은 해운대해변로 삼대장인 1003번, 139번, 307번이 있다.

여름 피서철에는 당연히 가축수송으로 해운대 일대는 헬게이트 카오스 상태에 빠진다. 특히 부산역과 해운대해수욕장을 직통으로 잇는 유일한 노선인 1003번은 이른 아침부터 늦은 밤까지 쉴틈없이 사람으로 꽉 찬다. 이렇다 보니 별명이 헬운대. 예외로 40번도 해운대를 경유하나 도시철도해운대역으로는 가지 않으니 주의해야 한다.

해운대역 인근에 해운대시외버스정류소도 있어서 수도권과 울산, 창원, 김해로 향하는 시외버스를 이용할 수 있다.

구 동해남부선 해운대역도 원래 이 근처(2호선 해운대역의 가장 먼 출구도 횡단보도 하나 걷는 거리)에 있었으나 신시가지 안쪽으로 이설하고 이름도 신해운대역으로 바꿨다. 139번를 이용하면 해운대해수욕장 바로 앞까지 올 수 있다.

대중매체를 살펴보면

영화 해운대의 주요 배경이다. 쓰나미가 가장 먼저 덮치는 곳.

부산을 대표하는 이미지를 가진 곳이라 친구2, 해운대 연인들 등 부산을 배경으로 하는 많은 매체에서 등장했다.

스노우레인 2의 데이트 장소 중 하나로써 등장한다.

야간개장 시범운영을 살펴보면

해운대구는 2016년 7월 11일부터 2주간 해운대해수욕장 임해봉사실 앞 200m 구간에 한하여 오후 9시까지 야간개장을 하기로 하였다. 그러나 이 안건이 부산소방안전본부 특수구조단 소속 수상구조대와 협의를 하지 않고 일방적으로 추진한 것으로 알려져 논란이 되었다. 일부 구간이라고는 하지만 야간개장을 하면 주간에 근무했던 구조대원들이 연장 근무해야 되며 피서철 수상구조대원을 더 선발하게 되면 다른 소방대원들 근무부담이 늘어나고 위급한 상황에서 신속히 대응하기 힘들다고 주장하였다. 이에 인근 대학에서 60명의 안전요원을 긴급 지원받기로 했다고 하는데, 인명구조 자격증 소지자가 턱없이 부족한 실정이어서 야간개장이 과연 안전한지 의문을 제기하고 있는 상황이다. 또 야간개장의 경우 수온이 낮아져서 위험하다는 주장도 있는걸 볼 때 신중해야 할 부분이긴 하다. 다만 실제 시행이 되고 난 이후부턴 어느 정도 인기를 끌었는지 세월이 지난 2018년에도 일정 기간 동안 야간개장을 하고 있다.

위키백과에서 언급한 일부 내용을 보면

해운대해수욕장(海雲臺海水浴場, Haeundae Beach)은 대한민국 부산광역시 해운대구 중동과 우동에 걸쳐서 위치한 대한민국 최대규모의 해수욕장이다. 모래사장의 총면적은 120,000㎡, 길이는 1.5 km, 폭은 70m ~ 90m이다. 이 곳에는 300여개의 편의·숙박시설이 있고, 해수욕장의 가까운 부산조선비치호텔, 동백섬 누리마루(APEC하우스), 화려한 마천루와 마린시티 등의 부촌이 있다.

주요 행사와 이안류에 대하여

1월에는 추위를 수영으로 건강한 겨울을 보낸다는 뜻으로 하는 북극곰 수영대회가 열린다. 6월에는 해운대 모래축제가 열린다. 7~8월에는 부산국제요트매치컵대회가 열린다. 8월에는 또한 부산바다축제가 열린다.

해운대해수욕장에서는 이안류가 자주 발생하여 매년 입욕 통제가 되는 경우가 발생하고 있다. 이안류는 해저 언덕 등의 영향으로 발생하는 역파도 현상을 말하는 것으로, 해변으로 밀려든 바닷물이 깊이 패인 지형을 통해 썰물처럼 빠져나가며 급물살을 만들어 해수욕을 즐기는 피서객이 여기에 휩쓸리면 깊은 바다로 끌려가기 때문에 위험하다. 2012년에는 11차례의 이안류가 발생해 418명이 휩쓸렸다가 구조되었으며 2013년에는 무려 13차례나 해운대해수욕장에서 이안류가 발생하여 546명이 이안류에 휩쓸렸다가 구조된 바가 있다. 2014년에는 7월 24일에 이안류가 발생하여 입욕이 통제되기도 하였다.

해운대해수욕장에서 이안류가 자주 발생하는 원인은 기상, 지형, 해상의 여러 원인이 복합적으로 작용했기 때문이다. 해운대해수욕장은 인근 송정해수욕장과 광안리해수욕장과 달리 해안선이 남쪽을 향하고 있다. 인근 두 해수욕장은 해안선이 남동쪽을 향하고 있다. 이 때문에 해운대해수욕장에는 지속적으로 남풍, 남서풍의 바람이 불게 되며 1.5 m 이상의 파도가 해안선의 직각으로 밀려들면서 이안류가 발생하게 된다. 또한 해운대해수욕장의 지속적인 백사장 모래 유실도 해저에 골짜기를 만들어 이안류 발생 횟수를 증가시키는 것으로 보고 있다.

이에 따라 기상청에서는 매년 해운대해수욕장의 이안류 발생 예측정보를 전 해역에 걸쳐 망루별, 시간별 이안류의 발생 가능성 예측정보를 제공하고 있다. 이안류 예측정보는 오전 9시부터 다음날 오후 6시까지 3시간 간격으로 5단계(매우안전, 안전, 주의, 위험, 매우위험)로 매일 제공된다. 또한 지자체에서는 이안류 발생의 다른 원인으로 판단되고 있는 백사장 모래 유실을 막기 위해 제방을 설치하는 계획도 검토하고 있다.

25시는 게오르규(1916~1992)의 작품으로 1949년에 발표되었다. 이후 1967년 안소니퀸 주연으로 영화로 만들어졌으며, 우리나라에서는 1978년에 상영되어 성공하였다. 제2차 세계대전을 배경으로 만든 전쟁과 사랑의 영화이며, 25시는 24시가 지난 이후 현재의 시간을 의미한다고 할 수 있다.

# 제2장  꽃피는 동백섬

부산광역시

# 해운대구

Haeundae-gu

## 980미터 산책로와 누리마루

많은 사람들이 찾는 누리마루는 2005.11.19. 아시아 태평양 21개 지역 정상들이 모여 APEC정상 회의장으로 사용되었던 곳이다. 산책로 입구에서 들어가면 바로 정상들이 모여 회의를 하는 장소 그대로 시설을 보존하고 있으며, 아래 2층으로 내려가면 국제회의나 세미나 등을 개최하는 장소로 사용하고 있다. 1층에는 야외 전시나 공연 등 리셉션 장소로 사용되고 있어 누구나 신청으로 임대 가능하다.

누리마루의 관람은 무료로 개방하고 있으며 관람시간은 평일 09시부터 18시까지이며, 매월 첫째주 월요일은 휴관일이다.

대부분의 관광객들이 동백섬 산책을 하다가 호기심에 끌려 관람을 하게 되는데 막상 회의장 안으로 들어가면 광안대교가 바로 앞에 보이며 바닷가 앞 야외에는 정자와 소나무들이 어울려 멋진 모습을 보여준다.

누리마루가 들어서기 전에는 부경대학교 수산연구원이 연구시설로 사용하던 곳으로 관계자 외에는 출입이 제한된 시설물이었지만 지금은 자유롭게 출입할 수 있어서 참 좋다.

누리마루 입구 왼쪽에 21개 참가 정상국의 국기가 걸려있고 큰 소나무 한그루가 웅장한 모습으로 서있다. 엄마와 나는 두 팔을 벌려 소나무의 둘레를 감싸 안으며 이렇게 큰 소나무의 신령스런 모습에 경외감을 가졌다. 그런 엄마는 몇해 전 세상을 떠나고 없다. 마음속으로 동백섬을 산책하며 그 경이롭고 신비스러운 소나무의 이름을 엄마나무라고 부른다.

동백섬의 주산책로는 980m이다. 초입 왼쪽에 웨스틴 조선호텔이 있고, 오른쪽에 101 레져타운이 있다.

삼삼오오 여행객들이 수다를 떨며 우와 여기에 사는 사람들은 참 좋겠다. 하고 경탄을 하며 걷는 곳이다.

인적이 드문 곳을 걸을 때에 공포감과 두려움을 느껴본 적이 있는가?

잘 가꾸어진 산책로에는 사시사철 여행객들로 붐비며, 동네 사람들은 가벼운 운동복 차림으로 나와서 산책을 하거나 가끔 마라톤 동호회 회원들이 모여 몸을 푸는 모습도 볼 수가 있다.

좀 더 젊은 시절 짧은 팬티에 마라톤을 즐기던 시절이 있었다. 남들이 보는 시선이 조금은 민망스러운 적이 있는데 요즘은 레깅스라는 일상복이 잘 어울리는 사람들을 보노라면 참 젊음이 좋다. 젊으니까 가능하고 이쁘다.

동백섬의 동백꽃이 아름다운 것은 봄이 오기 전에 한겨울의 한파를 이겨내고 불쑥 고개를 내밀어 붉은 피를 토하듯 가까이서 보여준다.

아! 스산한 겨울에 이 무슨 작태인가 싶어서 요리보고 조리보고 사진을 찍기도 하며 신기한 동백꽃을 바라보며 산책을 즐기는 모습은 늘 일상으로 보여지는 광경들이다.

이제하 시인이 작사 작곡하고, 조영남이 불러 히트한 '모란동백' 가사가 좋아 올려본다.

## 모란동백

모란은 벌써 지고 없는데
먼 산에 뻐꾸기 울면
상냥한 얼굴 모란 아가씨
꿈속에 찾아오네
세상은 바람 불고 고달파라
나 어느 변방에 떠돌다 떠돌다
어느 나무 그늘에 고요히 고요히 잠든다 해도
또 한 번 모란이 필 때까지 나를 잊지 말아요

동백은 벌써 지고 없는데
들녘에 눈이 내리면
상냥한 얼굴 동백 아가씨
꿈속에 웃고 오네
세상은 바람 불고 덧없어라
나 어느 바다에 떠돌다 떠돌다
어느 모랫벌에 외로이 외로이 잠든다 해도
또 한 번 동백이 필 때까지 나를 잊지 말아요
또 한 번 모란이 필 때까지 나를 잊지 말아요
나를 잊지 말아요

## 등대

선생님으로부터 아니면 부모님으로부터 사랑의 회초리를 맞은 경험들이 있을 것이다. 그 때의 따끔함이 세상을 보는 눈을 더욱 크게 했을까 생각해보면 많은 사람들이 공감할 것이다.

등대에서 망망대해를 바라보거나 광안대교를 보거나 해운대 해수욕장앞 엘시티의 높은 빌딩을 보거나 바라보는 사람에 따라 각기 다른 감정들이 생겨나겠지만 호연지기가 무엇인지 경험하는 좋은 장소이다.

동백섬 입구에서 500미터쯤 누리마루를 지나서 등대가 있다.

예전에 군부대의 초소가 있었던 곳으로 감히 상상할 수 없는 멋진 곳이지만 데크로 마루 바닥을 설치하여 그 곳에서 광안대교를 바라보면서 사진을 찍거나 엘시티 쪽을 바라보며 사진을 찍기도 한다. 날씨가 좋은 날이면 망망대해를 넘어 대마도가 보이기도 해서 참 풍광이 아름다운 곳이다.

많은 사진 작가들이 누리마루와 광안대교를 배경으로 출사를 하는 곳이기도 해서 사시사철 붐비는 장소이기도 하다. 광안대교의 야경은 파란색 빨간색 알 수없는 수많은 조명이 사람들의 시선을 멈추게 한다.

운 좋은 날이면(아마 정월 대보름 저녁쯤) 동해에서 솟아나는 붉고 큰 달과 어울린 금빛 바다는 하늘과 맞닿은 동천교에 이르는 길과 같다.

이와 같이 아름다운 등대에서 세상의 근심걱정 다 틀어놓고 힐링하는 기쁨을 누리는 것은 축복이고 행복이다.

## ❂ 최치원 동상

매화의 향기는 천리를 가지만 사람의 향기는 만리를 간다는 말이 있다. 이는 최치원(857-908) 선생을 두고 하는 말이 아닐까 생각해본다.

최치원 선생은 통일신라시대의 문장가이자 학자이다. 동백섬 정상에 올라가면 최치원 선생의 동상과 시비가 있다. 위키백과에 실린 최치원 선생의 이력을 소개하면 다음과 같다.

최치원 선생은 6두품 출신으로서 12세의 나이로 당에 유학하여 6년 만에 당의 빈공과에 장원으로 급제하였으며, 황소의 난이 일어나자 절도사 고병의 막하에서 《토황소격문(討黃巢檄文)》을 지어 당 전역에 문장으로 이름을 떨쳤고, 승무랑 시어사(承務郎侍御史)로서 희종 황제로부터 자금어대(紫金魚袋)를 하사받았다. 귀국하여 헌강왕으로부터 중용되어 왕실이 후원한 불교 사찰 및 선종 승려의 비문을 짓고 외교 문서의 작성도 맡았으며, 시무 10여 조를 올려 아찬(阿飡) 관등을 받았다. 그러나 진골 귀족들이 득세하며 지방에서 도적들이 발호하는 현실 앞에서 자신의 이상을 채 펼쳐보지도 못한 채 관직을 버리고 은거하여 행방불명되었다. 삼국사기에서는 가야산의 해인사로 들어갔다고 하고, 민담에서는 지리산으로 들어갔다고도 한다. 908년까지 생존해 있었음은 확실하지만 언제 어떻게 죽었는지는 알 수 없다.

귀국 직후 당에서 쓴 글을 모아 헌강왕에게 바쳤던 《계원필경(桂苑筆耕)》은 한국에서 가장 오래된 개인 문집으로 꼽히며,

《삼국사기》에 실려 있는 《난랑비서(鸞郞碑序)》는 신라 화랑도의 사상적 기반을 말해주는 자료로서 주목받는다.

경주 최씨의 시조로 모셔지고 있으며, 해마다 최치원 백일장과 시제를 지내고 있다.

## 하부 체육공원

동백공원 끝말 입구에서 우측으로 공영주차장과 체육공원이 조성되어 있다. 체육공원에는 많은 체육시설 기구들이 주민들의 생활체육 공간으로 활용할 수 있도록 조성해 놓았다.

편하게 쉴 수 있는 쉼터와 운동기구들 만지다 보면 주말 휴일이 어느새 가버리고 없다. 조용히 산책을 즐기거나 나무의자에 누워서 독서를 하거나 스마트폰을 보면서 가족들과 함께 소풍을 즐겨도 좋은 공간이다.

바다 내음과 광안대교가 바로 보이기도 하여 불꽃 축제가 있는 날이면 서로 좋은 자리를 차지하기 위해 경쟁이 치열하기도 하다. 그야말로 인산인해라고 해도 좋다. 아이를 데리고 온 아빠는 아이에게 목마를 태워서 화려하고 아름다운 불꽃의 향연에 빠져든다.

긴 시간 동안 아이들의 보챔을 보기도 하고, 그 많은 탄성에도 잠든 아이를 보노라면 천진난만한 아이들에게는 잠이 먼저일 수도 있겠구나 하는 생각이 들지만 그 잠을 바라보는 부모의 너그러움이 더 감동으로 다가왔다.

이러한 하부 체육공원에 나에게도 아름다운 추억이 있다. 예전에는 민간인이 출입할 수 없는 군 초소였다. 청춘 남녀의 피 끓는 청춘이 만나 키스라도 할 요량으로 으스스한 곳을 찾아 들어가려는데 '애들아, 나가 놀아라.' 속삭이던 군부대의 초병이 생각난다. 놀랍고 부끄러움에 잡았던 손을 놓으며 돌아서야 했던 추억의 장소이다.

그랬던 곳이 군부대는 철수하고 지금은 벤치와 운동기구들이 숲의 가장자리에 놓여있으며, 주민들의 생활체육 공간으로 활용되고 있다.

## 황옥공주

웨스틴 조선 앞에서 나무 데크로 되어있는 해안 산책로를 따라 조금 올라가면 황옥공주가 바닷가에서 자태를 뽐내고 있다.

인도양을 건너 저 멀리 인어나라 미란다국에서 시집온 황옥공주는 외로이 태평양 앞바다를 바라보며 고향을 그리며 비가 오나 바람이부나 파도에 부딪히며 고향에 돌아가길 염원하고 있다.

어떤 연유에서 인어상이 되었는지 몰라도 파도가 거칠게 몰아치거나 날씨가 차가운 날에는 외로워 보여 담요라도 얹어주고 싶을 때가 있다.

동백섬에 얽힌 인어공주의 전설을 담아본다.

하늘이 열리고 땅이 굳은 지 얼마 되지 않은 아득한 옛날. 동백섬에 무궁나라가 있었다. 원래 이 나라에는 다스릴 임금이 없었지만, 하늘에서 내려온 금상자 안에 든 황금알을 깨고 어린아이가 나왔다. 이 아이가 십여 일만에 성인으로 자라 왕위에 올라

국명을 '무궁'이라 지었다. 하늘의 은혜로 왕이 되었다 하여 '은혜 왕'이라 불리며 나라는 날로 번창했다.

그러나 임금에겐 마땅히 왕비가 없었다. 신하들이 결혼하라고 권했으나 은혜 왕은 이를 사양하고 하늘이 보내줄 왕비만을 기다렸다. 당시 바다 건너에 나란다국이 있었다. 이 나라 사람들은 바닷속에 있던 수정 나라의 후손이었는데, 나란다국 사람들의 몸에는 고기 지느러미가 있어서 옷 속에 감추었다고 한다. 나란다 임금과 왕비 사이에 첫 딸이 태어나자 선례에 따라 공주의 이름을 부모의 나라인 수정 나라에 가서 지어와야 했다. 공주를 모시는 특사는 거북이가 맡았다. 그 거북이는 옛날 용왕의 병을 낫게 하기 위해 토끼를 잡아갔다가 놓쳐버린 바로 그 거북이로, 이후 수정 나라에서 쫓겨났다. 수정 나라의 대왕대비는 나란다의 공주 이름을 '황옥(黃玉)'이라 지었다.

황옥공주가 선녀처럼 아름답게 자라자 나란다 임금과 왕비는 시집보낼 신랑감을 찾았다. 그러던 어느 날 임금과 왕비의 꿈속에 신령이 나타나 바다 건너 무궁나라의 은혜 왕에게 시집을 보내라고 했다. 이렇게 해서 무궁나라의 은혜 왕과 나란다의 황옥공주가 결혼해 부부가 되었으니, 황옥 왕비가 머문 궁궐이 바로 동백꽃이 활짝 피는 동백섬이었다.

황옥 왕비는 무궁나라 동백섬에 와서 수정 나라 대왕대비인 할머니가 일러준 대로 겹겹이 겹쳐 입은 옷 중 제일 깊은 속치마를 벗어 산신령께 바치니, 저녁 노을빛에 반짝이는 속치마는 바람에 나부끼며 하늘 멀리 날아가고 갑자기 발이 갖추어진 완전한 사람이 되었다. 세월이 흘러 황옥 왕비는 수정 나라를 매우 그리워했다. 어릴 때부터 지금까지 쭉 옆에서 황옥을 모시던 거북이는 황옥의 할머니가 선물한 황옥 구슬을 황옥 왕비에게 드리며, 매달 보름달이 뜨면 이 구슬을 꺼내 달을 비춰보라고 일러주었다.

황옥 왕비는 거북이가 시킨 대로 황옥 구슬로 달을 비춰보니 일순간 눈 앞에 꿈속에서도 잊지 못하던 수정 나라와 나란다국의 아름다운 달밤이 나타났다. 그날 밤 황옥 왕비는 고국을 바라보며 눈물을 흘렸다고 한다. 바로 그때 황옥 왕비는 갑자기 시집오기 전 인어공주의 모습으로 변해 바닷속을 마음대로 헤엄칠 수 있게 되었다. 이것을 가끔 목격한 사람들 사이에서 동백섬 앞바다에는 인어가 있다는 풍문이 퍼져 오늘날까지도 전해진다.

여기서 황옥공주의 고국이라는 나란다는 고대 인도의 불교대학 날란다(Nālandā)에서 따온 것으로 보아, 설화가 가야와 인도 간 교류와 불교 전파를 뜻한다는 해석이 있다. 또한 설화 속 무궁나라는 가야, 은혜 왕은 수로왕으로, 황옥공주는 인도 아유타국에서 왔다는 수로왕비 허황옥 공주를 나타낸다는 것이 향토사학자들의 견해다.

출처: https://theuranus.tistory.com/5070 [소인배(小人輩).com: 티스토리]

# 제3장 요트경기장

부산광역시
# 해운대구
Haeundae-gu

## ◎ 해운대에서 요트 타봤나?

해운대 요트경기장은 88올림픽을 위해 만들어진 곳이다.

부산시 해운대구 해운대해변로 84 수영만 요트경기장의 교통편은 차량으로는 주말에 조금 체증이 심한구간이기 때문에 승선시간 보다는 10분 정도 여유를 가지고 출발하는 편이 좋으며, 대중교통으로는 지하철 동백역에서 도보로 10분 정도면 도착한다.

해양레저문화의 붐이 일어나기 전 올림픽의 혜택을 보았던 곳이 해운대요트경기장이다. 해양레저문화가 꽃을 피우려면 1인당 국민소득이 3만불 이상이 되면 활성화된다고 하였다.

지금 우리의 국민소득이 1인당 4만불을 넘겼으니 요트에 관심이 많이 쏠리고 있는 것이 사실이다. 요트승선 1인당 15,000원 광고 문안을 보고 정말 요트승선이 대중화 되어가고 있구나 하고 기쁨을 감출수가 없다.

요트계류장에서 각 게이트별 번호가 있는데 승선 운용사별로 승선 게이트가 다르며, 요트도 다르다고 할 수 있겠다. 운항 코스는 동백섬과 광안대교이며 바다위에서 광경을 바라보는 기쁨은 상상 이상이라고 해야겠다.

각 시간대별로 또는 계절별로 그 느낌은 천차만별이며, 주로 여름에 더 많은 사람들이 즐긴다고 할 수 있다. 특히, 석양이 지며 야경을 비추는 저녁 시간대가 더 아름다운 광경이라고 추천하고 싶다.

해운대에 사는 덕분에 여러 번 요트를 타고 광안대교와 해운대 해수욕장 앞바다를 즐기던 추억이 송송하다.

## 요트 크루즈

햇볕이 내리쬐는 한여름에 시원한 바닷바람을 가르며 해운대에서 망망대해 큰 바다로 나아가는 추억이 있는가?

해운대해수욕장에서 조금 멀어지면 장산 정상이 보이며 잘 다녀오라고 손짓한다. 2박3일간 여름휴가를 즐기기 위해서 요트를 타고 통영 사랑도와 거제 소매물도 등 요트가 닿을 수 있는 곳에 잠시 머물며 낚시도 하고 수영도 하며 사나이들의 우정을 뽐내며 기억할 수 있는 지금이 참 좋다.

어느 여름날 아이스박스에는 맥주와 소주 등 주류와 먹을 것을 가득 채우고, 짧은 팬티에 썬글라스를 끼고 멋을 부리며 식스맨이 뭉쳤다. 그냥 거제와 통영을 향해 하얀 파도를 가르며 달렸다. 통통통 경적을 울리기도 하고 바다에서 만나는 낚시배와 인사도 하며 호연지기를 뽐내며 달려간 곳이 사랑도 선착장이다.

해질녘 사랑도의 선착장은 한가로이 갈매기만 끼룩끼룩 반가이 인사를 한다. 요트를 선착장에 정박을 하고 강회장과 나는 은빛물빛에 온몸을 담구고 수영을 즐겼다.

일행들도 함께 수영을 하다가 저녁을 준비하며 낚시로 낚아 올린 생선을 맛있게 요리하여 먹었다.

자유분방함이 식스맨의 가슴을 부풀게 하고 소주와 맥주로 나누는 우정은 사나이들의 찐한 이야기로 밤은 더욱 깊어 노을이 지고 어둠이 오며 한여름의 첫날은 조용히 사라져 갔다.

쏴아쏴아 철석거리는 파도소리에 아침은 밝아오고 동네 어귀에서는 부지런한 뱃사람들이 왔다갔다 바쁘게 움직였다. 새벽 찬

공기를 마시며 사랑도의 정상 옥녀봉을 향해 산책을 나섰다. 정상을 향해 가다가 돌아왔지만 가는 길목마다 들풀과 아름다운 바다를 조망하며 걷는 길은 비단길보다도 더 황홀한 아침을 걸었다.

매물도를 거쳐 이름 모를 섬 주변에서 식스맨은 낚시와 다이빙을 즐겼는데 나는 멀미 때문에 낚시가 힘들어 요트에서 헤엄쳐 섬에 누워 한참을 갈매기와 어울려 노래하며 쉬었다.

낚시로 잡은 고기와 스킨스쿠버가 낚아 올린 해산물로 요기를 채우고 즐기며 이틀을 보내고 돌아올 연료를 채워주시는 시골 뱃사람들의 온기와 그물에 걸린 스쿠루가 작동을 하지 않아 머물러야했던 고통의 순간들이 추억의 비빔밥이 되었다.

그렇게 3일을 식스맨과 함께 어울리며 집으로 돌아오는 길은 더욱 반가웠다. 멀리서 장산이 보이기 시작하고 광안대교를 지나 계류장에 도착하는 순간의 안도감은 잘 도착했을 뿐만 아니라 가족이 기다리는 집으로 갈 수 있는 기쁨이 더 큰 까닭이기도 하였다.

## ❂ 여름이 오면(요트 선상파티)

여름이 오면 수영만 요트경기장 3번게이트 계류장 파라호의 선상은 파티장으로 변한다. 출렁 그리는 파도와 반짝이는 별빛과 밤하늘에 좋은 사람들과 얘기를 나누며 밤은 깊어간다. 그나하게 취하며 잔을 부딪치며 노래를 부르고 시를 낭송하며 정들어 가는 우정을 느껴보았는가?

미국에서, 서울에서, 대구에서, 여기 부산에서 각자의 자리에서 성공한 친구들과 함께 밤이 새도록 해운대의 밤 요트경기장의 밤은 끝이 없다.

주말마다 즐기는 파티에 매번 참석을 할 수가 없지만 상상만 해도 즐거운 요트경기장 파라호 선상의 자장면과 맥주타임은 젊은 날의 추억으로 간직하기에 너무나 아름답다.

무더운 한여름에 시원한 바람이 있고, 친구가 있고, 맥주가 있고, 달빛이 비추는 바다가 있는 요트 계류장에는 지금도 삼삼오오 선상의 파티와 달콤한 사람냄새와 바다냄새를 맞이하기 위해 찾는 사람들이 많은 것 같다.

여름이 오면 술에 취해 홍당무가 되어 세상을 다 가진 것 같은 기쁨도 지금은 추억을 회상하며 건강하게 살아가는 삶이 더 아름다운 것은 세월이 주는 깨달음의 지혜라서 좋다.

여름이 오면 친구가 그리워지며 보고 싶어도 보지 못하는 친구를 생각하면 가슴이 미어지며 눈물이 난다. 다시는 올 수 없는 세상을 떠난 친구들이 점점 늘어만 간다.

## 요트경기장과 추억의 뷔페

해운대요트경기장 뷔페에서 어머니의 고희연을 열었다. 시골에서 버스가 왔고 몇몇 지인들이 어머니의 칠순을 축하해 주셨다.

밴드에 맞춰 노래를 부르고 춤도 추며 어머니의 지인들은 함께 흥을 돋우며 덩실덩실 하였다. 나도 처음으로 어머니를 업고 춤을 추었다. 3남3녀 형제간들이 번갈아 가며 어머니의 칠순을 축하하였고 큰 자형은 사회를 보시며 전체의 분위기를 잘살려 멋진 행사가 되게 하였다.

한동안 해운대요트경기장 뷔페에서 많은 행사를 하였고 집 가까이 있어서 참 좋았는데 어느 날 뷔페는 사라져 버렸다.

88올림픽 요트경기가 열렸던 곳이며, 역사적으로 의미가 있는 장소이기도한 뷔페에서 일생일대의 큰 행사를 치루고 뿌듯한 자부심으로 가득한 그러한 공간이 갑자기 사라져 추억의 장소로만 기억하기엔 너무나 슬픈 일이 되었다.

영화의 전당이 세워지기 전에는 부산국제영화제 행사를 남포동의 BIFF광장과 해운대 요트경기장 야외광장에서 영화를 상영하기도 하여 몇 차례 영화를 관람하기도 한 그러한 곳이기도 하다.

요트경기장 광장에서 바라보는 하늘과 제니스, 아이파크 고층아파트의 조명들은 많은 사람들의 탄성을 자아내기에 충분하다.

사랑을 나누거나 감동을 느끼거나 멋진 풍광을 보았을 때 엔돌핀의 400배가 넘는 다이돌핀이라는 호르몬이 나와 우리 몸을 황홀하게 한다고 한다. 그러한 멋진 풍광을 가까이서 볼 수 있는 것도 행운인데 더 많은 사람들이 함께 볼 수 있었으면 더 좋겠다는 생각을 해본다.

GS25
부산 최고 요트투어 1인 15,000원
예약문의
해운대요트경기장
코스(60분)

# 제4장　달맞이 언덕

부산광역시

# 해운대구

Haeundae-gu

## ❁ 해월정

달맞이 언덕에 오르면 해월정이 있다. 해월정에 올라 바다를 조망하며 시름을 잃고 옛 선비들처럼 시조창을 즐기거나 콧노래를 부른다면 누가 뭐라고 할까?

파리의 몽마르트언덕에 비유할 만큼 넓은 광장과 아름다운 바다를 조망할 수 있는 곳이다. 그런데 대중교통을 이용 하려면 지하철 중동역이나 장산역을 이용하여 30분 정도 걸어오거나 미포오거리 버스 정거장에서도 10분 정도 걸어야 한다.

승용차를 이용하면 쉽게 올 수 있지만 대중교통의 경우 접근성이 떨어져 여행객의 입장에서 조금 불편하다. 그래서 중동역이나 장산역에서 달맞이길 순환 버스를 운행한다면 이용객이 좀 더 많아질 것 같다.

달맞이 언덕에는 세계적으로 유명한 조각가 데니스 오펜하임(1938～2011)의 유작 "꽃의 내부"가 설치되어 있다. 처음에는 파라다이스 앞 해운대 바닷가에 설치되었다가 철거되어 고철로 전락되는 수모를 겪었으며, 유족들의 항의로 다시 달맞이 언덕에 설치되어 세계적인 볼거리를 제공하여 참 다행이다 싶다.

해월정에서 보는 해맞이와 달맞이는 전국 명소 중 으뜸이며, 시간대를 잘 맞추기만 하면 평생 좋은 추억으로 간직할 수 있다. 특히, 정월에 달빛을 받으면 사랑의 언약이 이뤄진다는 전설이 있다.

덩달아 달맞이길 드라이버 코스는 미포에서 시작하여 청사포와 송정까지 바다를 조망하며 와우산의 언저리를 달리는 기분은 구부러진 마음을 환하게 할 것이다. 특히, 봄날의 벚꽃이 늘어진 길을 달릴 때에는 영화속의 주인공이 된 기분이 들기도 한다.

## ❂ 문탠로드

문탠로드는 미포입구 공영주차장에 주차를 하고 달맞이 길을 따라 쭉 올라가다 해월정 못미쳐 오른쪽으로 산책로를 잘 조성해 놓았다. 그야말로 바다에 비친 달을 그림자로 삼아 길을 걷다보면 무릉도원이 어디인가 묻고 싶은 길이다.

미포에서 청사포 송정까지 철로 해안가 산책로가 조성되기 전에는 참 인기가 좋은 산책 구간이었는데 지금은 잊혀져 가는 길인 것 같아 안타까운 마음이다.

전 배덕광(1948～2023) 해운대구청장 시절에 조성되었는데 왕복 2.5㎞ 숲길로 1시간 정도 소요된다. 달빛 바투길(달빛에 몸을 맡겨 새로운 나를 만나는 길)과 바다전망대 등 볼거리도 많아 일상에 지친마음을 힐링하는 좋은 길이다.

날씨가 좋은 날에는 바다전망대에서 망망대해를 바라보는 기쁨과 멀리 대마도를 볼 수가 있다. 육안으로 보이는 대마도가 왜 우리 땅이 아닌지 슬픈 마음이 더는 것은 36년간 일본으로부터 지배를 받았던 치욕의 역사를 돌이켜 보는 계기가 되기도 한다.

숲길을 걸으며 철학적 사고를 하지 않더라도 지금 현재의 존재자로서 보이는 모든 것들과 과거에 얽혀 있는 기록 현상들이 나쁘지 않게 연결되어 미래로 나아가는 스펙트럼이 되었으면 좋겠다.

## ❁ 마크빈 브런치 카페

마크빈 브런치 카페는 달맞이 언덕 광장 앞 길건너 가장 가까이서 차를 마시며 여유롭게 쉬어가기에 좋은 브런치 카페이다. 1층에는 맛있는 빵과 주문하는 곳과 넓은 쇼파가 있으며, 2층과 3층의 카페에는 바다를 직접 조망할 수 있어 참 멋진 곳이다.

2층은 바다와 소나무들이 어울려 간간이 바다가 사라지기도 하고 더 멀리 보이기도 하지만 3층은 전체가 다 뻥 뚤려 바다가 그대로 보인다.

예전에는 초콜렛 카페로 유명하였는데 지금은 브런치 카페로 더 많은 사랑을 받고 있다. 에니와 가끔 빵을 골라 아메리카노와 바다를 조망하며 도란도란 얘기를 나누며 보내는 시간이 참 좋다.

옆으로 스타벅스와 다른 브랜드의 카페들이 즐비하지만 주차하기도 편리하고 주차를 도와주는 카페 주인아저씨의 친절한 마음씨가 더 좋아서 자주 찾아가고 싶은 카페이다.

## ❁ 언덕위의 집과 오페라하우스

달맞이 언덕 못 미쳐 언덕위의 집은 한동안 많은 사람으로부터 사랑을 받은 맛집 명소였다. 경양식과 파스타 등 맛있는 음식을 사랑하는 사람들과 함께 즐긴다는 것을 얼마나 큰 기쁨인가?

통나무로 장식을 하고 해운대 바다를 조망할 수 있으며, 여유롭게 시간을 보내기에 참 좋은 곳인데 어느 날 문을 닫았다. 코로나가 가져온 미운 선물인가 보다.

코로나로 거의 3년간은 대면 접촉을 못해 관리 유지비가 많이 더는 대형 음식점들이 폐업을 하였다. 그 중 한 곳이 언덕위의 집이며 오페라하우스인 것 같아서 마음이 씁쓸하다.

오페라하우스는 언덕위의 집 조금 위쪽에 위치하며 대형 주차장과 유럽식 라운드 건물로 스테이크 요리가 일품이며 스테이크 코스요리, 바다가재 등 고급스러운 요리 뿐만 아니라 독립된 룸으로 각자의 공간에서 요리를 즐길 수가 있어서 개성 있는 많은 분들이 찾았던 맛집이었다.

그런데 어느 날 예약이 되지 않아 직접 현장을 방문하였는데 ***교회로 간판이 달려있었다. 아마 코로나를 견디지 못해 교회에 매각이 되었을 것 같아서 쓸쓸하게 돌아온 기억이 슬픔으로 남아있다.

거기서 만났던 많은 사람들과 우리 가족들의 추억이 온데간데 없이 사라진 것 같아서 더욱 슬프다.

## ◎ 힐스파

언덕위의 집 바로 아래에 위치한 힐스파는 24시간 운영하는 피트니스 사우나이다. 해운대에서 숙박을 저렴하게 하려면 사우나와 찜질방 요금으로 밤을 나기에 좋은 공간이다.

처음 개장을 하였을 때에는 울산과 창원에서 원정을 오기도 했던 야경이 유명한 명소였는데 코로나로 한동안 휴업을 하였다가 최근에 다시 수리를 하고 문을 열었다.

1층에서 5층까지 로비와 피트니스, 남녀 사우나와 찜질방, GS

편의점이 있어서 하루의 피로를 풀기에 참 좋은 공간이며, 야경까지 최고의 뷰를 볼 수 있어서 뷰는 덤으로 가져가도 좋다.

## ✺ 달맞이 언덕

부산광역시 해운대구 중동에서 송정까지 봄이면 벚꽃길이 되어 드라이브 코스로 소문이 자자하다.

예전부터 달맞이 언덕에는 유명 불고기 식당과 카페들이 바다를 배경으로 성업을 이루던 곳이다. 불고기 식당은 외식장소로 자주 이용되었으며, 라이브 카페는 해운대의 품격을 높여주었다. 특히 지역의 문화발전을 위해 유명 연예인이 운영하던 카페는 해운대의 자부심이기도 하고 자랑스러운 곳이었는데 서울 중심의 문화적 한계는 안타까움으로 남아있다.

부산여행 안내사이트인 부산나비 내용을 보면

부산 해운대의 아름다운 절경을 감상할 수 있는 달맞이 언덕은 연인들이 달을 보며 소원을 비는 부산의 인기 관광지 중 하나입니다.

해운대해수욕장에서 꼬불꼬불한 고갯길을 넘어 송정해수욕장까지 이르는 나무들로 둘러싸인 달맞이 언덕 고갯길이 15번이나 휘어진다고 해서 '15곡도'라고도 하며, 이 언덕에서 바라보는 바다는 창파라고 불릴 정도로 경치가 빼어나 대한팔경의 하나로 손꼽히고 있습니다. 봄에는 고갯길 양쪽으로 벚꽃이 흐드러지게 피어나기 때문에 8km에 이르는 달맞이 언덕은 드라이브 코스로도 인기가 높습니다.

또한 대해와 해운대해수욕장의 전경이 한눈에 들어오고 고급 주택가, 고급 호텔 등이 미묘한 조화를 이루고 있는 달맞이 언덕을 따라 위로 가면 매년 정월대보름 달을 가장 잘 감상할 수 있는 해월정이 있습니다. 옛날 서로 사랑했던 연인들이 달을 바라보며 소원을 빌면 부부가 될수 있었다는 전설이 있어서 아직 결혼하지 않은 선남선녀들이 정월대보름날 달을 보며 변하지 않는 사랑을 맹세한다는 이야기도 있습니다.

이곳 주변에는 복합문화공간인 동백아트센터, 김성종 추리문학관 등 6개의 전시관과 멋진 레스토랑과 음식점 등이 있으며 달맞이 언덕 입구 쪽에 있는 문텐드로드 전망대에서 활 모양처럼 펼쳐진 해운대해수욕장, 마린시티 초고층아파트, 광안대교가 한눈에 들어오는 멋진 풍경과 달맞이 언덕에서 바라보는 해운대만의 아름다운 야경도 볼 수 있습니다.

특히 언덕 아래로 보이는 해운대해수욕장을 배경으로 척추를 곧추세운 빌딩들이 빙 둘러섰는데 홍콩의 야경을 보는 듯 화려하다. 그 뒤 광안대교가 빚어내는 야경은 황홀할 정도로 아름답다.

햇볕을 쬐는 '선탠로드'와 달리 달빛을 받으며 걷는 솔숲 길인 '문탠로드(Moontan Road)'가 와우산(臥牛山) 허리를 수놓고 있다. 해운대-달맞이길-달맞이동산-오솔길-어울마당을 따라 2.2km, 왕복 한 시간이면 거뜬한데 이 길을 걸을 때 더 정감이 느껴지는 것은 달빛 가온길, 달빛 바투길… 길마다 순우리말의 푯말이 붙어서이다.

'문탠로드'라는 이름에 걸맞게 달 모양의 조명이 숲을 밝히고 있어 운치를 더해주고 있다. 달을 가장 멋지게 조망할 수 있는 정자인 '해월정'은 정월에 달빛을 받으면 사랑의 언약이 이루어진다는 전설 때문에 연인들이 일부러 찾는 명소다.

여행정보

**– 웹사이트 주소**

부산광역시 문화관광 홈페이지
http://tour.busan.go.kr

해운대 구청 홈페이지
www.haeundae.go.kr

**– 문의전화**

부산광역시 관광 진흥과 : 051-888-5034
송정해수욕장 관광안내소 : 051-749-5800
해파랑길 관광안내소 : 051-607-6395
남구청 문화체육과 : 051-607-4067

– **대중교통 정보**

[ 항공편 ]
부산↔서울, 인천, 제주 매일 운항
대한항공 1588-2001, 아시아나항공 1588-8000
김해 국제공항 051-974-3114
김해공항 순환버스 노선 문의
2번(공항리무진) : 051-527-1004
201, 300, 307번 : 051-973-4201

[ 철도편 ]
부산↔서울 KTX 고속철도(1544-7788 2시간 50분 소요)
부산역 051-440-2288

[ 고속버스 ]
부산 고속버스터미널 051-508-9955

[ 시외버스 ]
부산 동부시외버스터미널 051-508-9400
부산 서부시외버스터미널 051-322-8301

– **자가운전 정보**

[서울-부산]서울-경부고속도로-영동고속도로-여주JC(충주방면)-중부내륙고속도로-김천JC-동대구JC-대구 부산간고속도로-대동

JC-해운대

[대전-부산]대전-경부고속도로-동대구JC-대구부산간고속도로-대동JC-해운대

[광주-부산]광주-남해고속도로-서부산IC-해운대

**– 숙박정보**

부산 웨스틴조선호텔(해운대구 우동) 051-749-7000

파라다이스호텔부산(해운대구 중동) 051-742-2121

노보텔 앰배서더호텔(해운대구 중동) 051-743-1234

호메르스(수영구 광안동) 051-750-8000

에어플러스모텔(해운대구 우동) 051-731-2001

모텔N (연제구 연산 9동) 051-758-8002

베스타 온천사우나(해운대구 중동 1509-6) 051-743-5705

**– 식당정보**

민락횟촌/지하철 2호선 광안역하차(3번 출구)

자갈치시장 회센터/지하철 1호선 자갈치역 하차(10번 출구)

해운대 소고기국밥 거리/해운대역 하차(3번 출구)

금수복국/복지리,복매운탕/051-742-3600/해운대구 중동1로 43번길

누룽지/생고기/051-701-2489/해운대구 양운로 42번길

해운대 기와집 대구탕/대구탕/051-731-5020/해운대구 달맞이길 104번길

**– 축제 및 행사정보**

해맞이 부산축제/매년 12.31~1.1, 용두산 공원, 해운대해수욕장, 다대포 해수욕장 일원

**– 주변 볼거리**

범어사, 금정산성, 동래온천, 일광 해수욕장, 가덕도, 부산 시립미술관, 을숙도

해운대의 와우산은 달맞이 언덕의 주산으로 고도 183m이며, 미포와 청사포를 넘나드는 곳이다. 장산에서 뻗어 나와 와우산의 꼬리 부분이 미포이다. 바다와 인접해 있으며 송정 옛길에서 선경아파트 쪽 넓은 광장에 와우산 스토리와 함께 하는 이야기 놀이정원은 어른과 어린이들이 함께 즐길 수 있는 놀이 공간이다.

# 제5장 LCT

부산광역시

# 해운대구

Haeundae-gu

반송2동
반송1동
반여1동
반여4동
반여3동
반여2동
재송2동
좌4동
송정동
재송1동
우1동
좌3동
좌1동
좌2동
우2동
중1동
중2동
우3동

## X-더 스카이 전망대

해운대 해변에 위치한 엘씨티는 102층 고층 주상복합 아파트이다.

전 세계인이 찾아오는 해운대 해변을 걷노라면 미포항 해변에 웅장하게 서 있어서 어디에서나 볼 수가 있고 보는 사람들마다 감탄을 자아내기에 충분하다.

그러한 엘씨티가 탄생하기 까지는 말도 많고 탈도 많았다. 공사기간 중 안전사고로 몇몇의 희생자가 발생하였으며, 허가 과정에서도 행정관청과 로비로 엮인 비위는 현재까지도 회자되고 있다.

엘씨티 꼭대기 층에 부산X-더 스카이 전망대가 있으며, 그 전망대에서 바라보는 광활한 바다와 광안대교, W아파트 등 볼거리는 입장료를 내고 보아도 아깝지가 않다.

부산X-더 스카이 전망대 입장료는 기본적으로 2.7만원인데 부산시민에게는 20%, 시그니엘 호텔 숙박객과 농협카드 이용자에게는 25%, 헌혈자와 생일자 에게는 30% 할인혜택을 제공하고 있어 좀더 쉽게 접근할 수 있어서 좋다.

부산X-더 스카이 전망대는 100층으로 99층에 사진을 찍을 수 있는 공간과 장소를 제공하고 있으며, 이탈리안 음식과 양식코너가 있어서 음식을 먹을 수 있다. 그리고 요즘 핫한 스타벅스 커피숍이 세계에서 제일 높은 곳에서 연인과 함께 커피를 마시며 즐기는 기쁨은 오래도록 좋은 기억으로 남을 것이라고 본다.

## 동방호텔 나이트클럽

엘씨티가 탄생하기 이전에 동방호텔이 있었으며 그 지하에 동방호텔 나이트클럽이 있었다. 나이트클럽의 이름은 '만토바'로 기억한다. 어느 날 주례에 살고 있는 에니의 옛 이웃사촌이 해운대에 놀려왔었는데 퇴근 후 시간이 되어 함께 나이트클럽에서 맥주와 노래로 즐거운 시간을 보냈던 기억이 새롭다.

지금은 고인이 된 그 분이 먼저 노래를 부르고 다음에 에니, 그 다음엔 **엄마가 불렀다. 어름 풋이 기억나는데 조용필의 노래 '그 겨울의 찻집'이었든가 암튼 세 미녀는 노래를 정말 잘 불렀다.

그렇게 해운대의 밤은 깊어만 가고 등대 너머로 반짝거리는 불빛은 오대양 육대주를 돌아서 나타난 신의 모습으로 다가왔다. 오! 신이시여! 오늘의 즐거움이 해운대를 더욱 아름답게 비춰주시고 세계인이 함께 즐겁게 즐기는 공간으로 남게 해 주소서..

엘씨티 이전에 동방호텔, 동방호텔 이전에 어느 한적한 어촌을 상상하면서 바다가 주는 고요와 그친 파도를 그린다. 역동적이면서도 고요함이 주는 바다의 매력은 그대로 머물러 있는 것이 아니라 항상 변화하면서 다른 모습을 보여주기에 더욱 매력적으로 다가온다.

## 해운대 미포

해운대해수욕장은 조선비치에서 미포까지가 해안선을 따라 금빛모래로 펼쳐져 있다. 어른 걸음으로 여유 있게 30분 정도 걸어서 닿을 수 있는 곳이다.

예전에는 미포철길이 유명했다. 차량으로 미포에 가기위해서는 수신호로 철길의 통제를 받아서 건너야 했던 곳이지만 지금은 왕복6차선 도로와 산책로가 있어 언제든지 접근 가능하다.

큰 길에서 미포 포구의 안내석이 반갑게 맞이하며 철석거리는 파도와 오른쪽 바닷가 산책로와 엘시티의 웅장함을 보면서 굉장한 희열을 느낄 수가 있다.

바로 입구에 서면 눈에 들어오는 용호만 고층 W아파트와 광안대교, 동백섬이 어우러져 한 폭의 그림을 보는 것 같아 감탄을 자아낸다.

미포에는 횟집과 복국 해산물 등 유명 맛집이 즐비하게 있으며, 옛 철길을 산책로로 조성해 만든 블루라인파크도 미포에 있다. 블루라인파크는 미포에서 송정까지 운행하는 해운대해변열차와 미포에서 청사포까지 왕복으로 운행하는 스카이캡슐이 있다. 또한 해운대 유람선 선착장이 미포에 있어서 유람선을 이용하고자 하는 여행객은 저절로 미포의 나룻배와 포구 등대를 볼 수가 있다.

## ❁ 유람선 선착장

해운대 유람선 선착장이 미포에 있다. 해운대 유람선은 제1코스와 2코스로 운항을 하는데 제1코스는 오륙도 해상투어로 동백섬 누리마루와 광안대교를 거쳐 이기대를 돌아오는 코스이다. 주로 주간에 운행을 한다. 제2코스는 광안대교 야경투어로 미포항에서 출발하여 마린시티의 화려한 조명과 광안리해수욕장&광안대교의 야경을 돌아보는 코스로 CNN에서 선정한 한국에서 꼭 봐야할 곳 중 하나인 광안대교 야경을 보는 것은 많은 여행객들에게 주는 큰 기쁨이라고 말 할 수 있다.

해운대에 살면서 재부용마51동기회 친구들과 사모님들을 모시고 해운대유람선을 이용한 적이 있다. 약간의 멀미로 힘든 부분도 있었지만 대체로 좋은 추억으로 기억하고 있다.

얼마 전 에니와 미포의 달자집에서 저녁을 먹고 있었다. 여행객이 유람선 표를 예매하고 저녁을 먹으려 왔었는데 시간이 촉박하여 저녁 먹기가 어중간 했다. 에니는 저녁 야경을 볼려면 1시간 뒤로 늦추면 더 멋진 광안대교 야경을 볼 수 있다고 말해 부지런한 여행객이 바로 선착장으로 뛰어가 1시간 뒤로 예매를 하고 여유 있게 저녁을 먹고 여행을 즐기도록 하였다.

달자집의 아귀탕과 막걸리 한 잔은 해운대 맛집으로 소개해도 손색이 없는 곳인데 많은 사람들이 모르고 있어서 조용히 즐겨가는 곳이다.

## 거북선 횟집

거북선 하면 먼저 이순신장군이 생각나며, 애연가들은 담배를 생각할 것이다. 그러나 미포 끝자락에 위치한 거북선 횟집은 횟집 가운데 가장 끝집이며 조망권은 상상을 초월한다. 싱싱한 활어회와 상냥스러운 집주인의 안내로 몇 번 식사를 한 적이 있다.

에니와 집주인은 옛 온천호텔에서 목욕을 같이하던 사이로 꽤나 친한 모양이다. 그래서 더 자주 이용하였는데 옛 직장동료 모임인 동마회 모임과 시골친구 용우회 모임도 여기서 하였는데 반응들이 너무 좋았다.

또한 해운대에 살고 있는 친구들과 부인들을 모시고 몇 번 식사를 하였는데 이렇게 멋진 곳에서 생선회와 소주를 먹으며 해운대에서 살아가는 기쁨을 마음껏 누릴 수 있어서 참 좋다.

거북선 횟집에서 식사를 하고 시간의 여유가 있다면 진짜 미포의 끝집이라 할 수 있는 6층 카페에서 차를 마시며 환담을 나눈다면 금상첨화라고 할 수 있다.

미처 언급하지 못했던 거북선에 대한 정주영(1915~2001) 현대회장의 500원 동전에 얽힌 얘기는 조선의 불모지를 조선왕국으로 만든 일등공신이며, 오늘날 현대중공업과 현대미포조선의 설립 신화로 기억되고 있다.

거북선 횟집에서 바라보는 바다와 이기대의 오륙도, 광안대교는 명품 해운대를 증명하는 것이다. 라고 말하고 싶다.

# 제6장 블루라인 파크

부산광역시

# 해운대구

Haeundae-gu

## ✺ 동해남부선 철로는 추억 속으로

가끔 해운대역에서 울산역까지 동해남부선 완행열차를 타고 다녔던 기억이 난다. 울산의 온산공단 석유화학단지를 지날 때의 장관들과 해운대 송정에서 해운대역까지의 멋진 바다와 어우러진 석양을 보노라면 어느새 고향의 집에 온 듯이 포근한 느낌이 들었다.

동해남부선 철로는 1934년 부산진에서 기장 좌천까지 운행을 시작으로 1935년 부산진~울산을 개통하였으며, 1945년 부산진에서 포항까지 완전히 개통된 한국철도공사의 철로이다. 2016년 부전역~일광역 구간이 복전철화 되면서 기존의 해운대역과 송정역은 폐지되고 신해운대역 기장역이 설치되어 운영되고 있다.

폐선된 우동~송정 구간은 약 6㎞ 구간으로 일부는 주민들의 편의를 위해 산책로와 체육시설로 조성하고 미포에서 송정까지는 해운대 해변열차가 바다를 배경으로 달리고 있다.

수많은 사람들이 이용하던 부산~포항까지 동해남부선 철로의 해운대에서 송정까지의 구간은 옛 추억으로 남아있으며, 65세 이상 지공선사들은 공짜로 이용 가능해서 더 많은 사람들이 즐겨 이용하고 있다.

지금도 신해운대역이 어디쯤인지 짐작으로 알 뿐 즐겨 이용하지 않아서 친근감이 없으며, 그냥 센텀역에서 장산 아래 터널을 통과하여 신해운대와 기장역으로 연결되어 울산 포항까지 갈 수 있다는 정도로 알고 있다.

## ◎ 해변열차와 스카이캡슐

동해남부선 철로의 폐선된 일부 구간인 미포에서 송정까지 산책로 주변 옛 철길을 살려 해변열차를 운행하고, 그 위의 공간을 미포에서 청사포까지 스카이캡슐을 운행하고 있다.

지역의 건설업체인 삼정에서 해운대 블루라인파크의 운영권을 받아 해변열차와 스카이캡슐을 운영함으로써 주변 환경 개선과 관광객 유치로 지역경제발전에 크게 이바지하고 있다.

해변열차는 많은 승객이 탑승할 수 있으나, 스카이캡슐은 4인으로 제한되어 있어 연인이나 4인 가족이 이용하기에 좋다. 고소공포증이 있는 사람은 해변열차를 이용할 것을 권고한다.

2024년 1월 어느 날 광안대교에 석양이 비칠 때쯤 해변열차를 타고 미포에서 송정까지 왕복으로 다녀온 적이 있다. 산책길을 걸어가면서 광안대교와 멀리 바다를 배경으로 사진을 찍기도 하고 감상하는 기분과는 또 다른 감동으로 다가왔다.

청사포를 지날 쯤에는 에니와 함께 즐겨가던 하진이네 조개구이집은 어디쯤 보일까? 큰 희망과 걸어가며 쉬었던 카페는 어디쯤 있을까? 궁금해 하면서 종착역인 송정역에 도착했을 때에는 송정 바닷가의 불빛만이 반짝반짝 반기고 있었다.

돌아오면서 구덕포의 수많은 추억을 되새기며 잠간 회상에 잠긴다. 자주 갔던 화목횟집은 철거되고 지금은 카페로 변모해 있는 구덕포의 많은 변화들이 세월의 빠름을 실감나게 한다. 아! 가버린 청춘!!

## ❂ 다릿돌 전망대

미포에서 산책로를 따라 청사포 송정까지의 구간을 걷노라면 바다 가운데로 전망대를 만들어 보이는 데가 "다릿돌 전망대"이다.

해변열차를 타고 가다가 내려서 조망을 하다가 다시 해변열차를 이용할 수 있도록 정차서비스를 제공하고 있다.

다릿돌 전망대는 2017년 8월에 개장하여 많은 사랑을 받아왔으나 지금은 추가 공사로 입장이 통제되고 있다. 곧 더 좋은 시설로 더 많은 사랑이 기다려진다. 해수면으로부터 20m 높이에 철로에서 70여 미터 바다를 향해 가면 아래로 투명유리가 공포심과 희열을 만끽할 수 있다.

일출과 일몰이 아름다운 곳으로 멀리 바다를 조망하며 간간이 물살을 가르는 고깃배와 파란 하늘, 그 하늘을 비행하는 갈매기들을 바라보노라면 세상의 근심 걱정은 온데간데없이 사라지고 만다.

"태양 아래 내 것은 없다."는 어느 철학자의 말처럼 빛나는 태양 아래 은빛 꽃가루를 뿌려놓은 듯 반짝이는 물결들과 맑고 신선한 공기를 흡입하며 대자연의 위대함에 경의를 표하며 내가 가진 그 어떤 것보다도 더 위대한 대자연의 향연에 빠져든다.

최근 발생한 이스라엘과 하마스의 전쟁을 보며 평화가 얼마나 소중한지를 깨닫게 한다. 역사적으로 많은 전쟁은 결국은 파괴와 살상으로 귀결되어 폐허가 되고 만다. 그 피폐해진 삶의 현장에서 무슨 가치를 논할 것인가?

## ❂ 미포집

비가 올까 말까 날씨가 흐린 정월 대보름 토요일이다.

오늘 저녁은 미포집에서 먹기로 하고 작은 접이 우산을 챙겨 에니와 산책에 나섰다. 해운대해수욕장은 정월대보름맞이 달집태우기 행사를 보기의해 수많은 인파들로 가득하였고 행사장에 동원된 통제요원의 안내에 따라 해변 산책로가 확보되어 원활하게 잘 빠져 나왔다.

미포집에 도착하여 대기번호 123번을 안내받아 옥외 웨이팅 장소에서 그냥 기다린다는 것이 좀 낯선 광경이었다. 대부분의 사람들이 외지에서 온 여행객이었으며 1시간 정도를 기다려 식당으로 들어갈 수 있었다.

미포집의 주 메뉴인 해물탕정식을 주문하였는데 1시간 기다린 것이 아깝지 않을 정도로 맛이 좋았다. 맛있는 새우와 전복, 가리비, 조개 등 해산물이 입맛을 돋우어 배가 부르게 먹었다.

갑자기 추워진 날씨에도 식당을 가득채운 사람들과 유쾌한 웃음소리들을 생각하며 바닷가를 천천히 걸어서 집으로 왔다.

## ❂ 송정해수욕장

해운대구 좌동 신시가지 인구가 늘어나면서 송정이 발전하였다. 해변 도로에 주차가 가능하고 맛집들이 많아서 자즈 찾는 관광지이다.

해수욕장에서 바라보는 망망대해뿐만 아니라 나지막한 죽도공원의 소나무 사이로 보이는 바다풍경과 망루에서 보는 시원한 바람과 끝없는 바다는 어머님과 함께했던 추억의 바다이다. 명절마다 시골에서 올라오신 어머님을 위해 관광을 하였다. '나는 괜찮다. 너거들만 잘 살면 된다.' 사이좋게 잘 지내거라. 일러주신 어머님의 말씀이 아직 귀에 쟁쟁하다.

나무위키에서 안내하는 송정해수욕장을 살펴보면 다음과 같다.

전국구급인 해운대해수욕장과 광안리해수욕장과 더불어 동부산을 대표하는 해수욕장으로, 2019년 기준 해운대, 광안리, 부산 송도, 다대포를 이은 부산 제5의 해수욕장이다. 전국의 수많은 해수욕장 중에서도 상위권에 들 만큼 피서객이 많이 찾는 큰 해수욕장이다. 여름에는 해운대와 광안리가 터져나가는 통에 정작 부산 사람들은 해운대를 안 가고 대신 한적한 송정으로 온다는 말이 있지만 여름철 해운대의 악명은 이미 외지인들에게도 알려질 만큼 알려져 있기 때문에 송정도 여름에는 터져나가기는 마찬가지이다. 물론 아무리 그래도 해운대보다는 나은 편이다.

송정이라는 이름은 소나무숲에 정자를 세웠다고 해서 지어진 이름이다. 송정해수욕장이 자리한 곳은 조선 말기 문신인 노영경(1845～1929)이 낙향하여 여생을 보내면서 알려진 것으로 전한다. 이후에 일제강점기부터 확산된 해수욕 문화로 인하여 여름이면 해수욕을 즐기는 인원이 증가하자 1965년 7월 9일 송정 해수욕장을 개장하였다.

송정해수욕장 근처에 있었던 해운대 동해남부선 폐선부지에 있는 송정역 구 역사(현 해운대 해변열차 송정정거장)에서 폐선 선로를 따라 쭉 걸어오면 해수욕장으로 올 수 있으며 계속 걸어가면 해운대 청사포와 해운대해수욕장까지 넘어갈 수 있다. 실제로 해운대구에서도 이 구간을 산책 코스로 개발하여 나무 데크길로 쭉 이어진다.

해운대와 더불어 매년 1월 1일 새해에는 많은 사람들이 해돋이를 보러 이곳으로 몰려온다고 한다. 해운대해수욕장보다 더욱 동쪽에 위치하고 있어서 해를 더욱 빨리 볼 수 있다는 것이 장점이기 때문이다. 그래봤자 몇 초 차이 안난다. 하지만 송정보다 더 동쪽에 있는 일광해수욕장이랑 임랑해수욕장은 접근성 문제로(...) 별로 인기가 없다.

모래가 매우 고운 편이고 경사가 완만해 해수욕하기에 좋은 환경이다. 물 안쪽으로 30m 정도 들어가도 발이 땅에 닿을 정도다.

지금이야 송정해수욕장을 이용하는 것에 있어서 아무런 제약이 없지만 1990년대 말까지만 해도 청사포 방향의 지역 20%는 군부대 관할이라서 민간인이 이용할 수 없었다. 2001년에는 군이 쓰레기를 해수욕장에 매립하여 지역 사회가 크게 반발한 적도 있었다. 이는 송정해수욕장이 전투수영장으로 쓰였기 때문이다. 때문에 매 여름마다 청사포 방향 20%는 군의 하계 휴양지로 쓰였고 이를 위해 철조망을 설치하여 군인들의 휴양지역을 따로 구분하여 사용했다. 군 휴양지역에는 전용사워장과 숙소 그리고 PX 등이 들어서 있었고, 민간인은 지인이 군에 있는 경우가 아니라면 여기에 접근할 수 없었다.

이러한 전투 수영장 이용은 40년 가까이 이어졌는데 관광객이 늘자 주변 상인과 민간인들의 전투수영장 이전을 지속적으로 요구했었다. 결국 해운대구의회에서도 전투수영장 이전을 요구하기에 이르렀고 이에 2007년부터 군은 전투수영장과 민간인 구역을 구분하는 철조망 설치를 하지 않기로 결정했다. 하지만 지속적인 전투수영장 이전 요구에도 불구하고 아직도 송정해수욕장의 20%는 군휴양지역으로 지정되어 있다. 그래도 이전과는 달리 철조망을 설치하지 않아 군휴양지역과 민간인 지역이 구분되지 않고 있으며 민간인이 양 지역을 이동하는 것에도 전혀 지장이 없다. 때문에 지금은 모르고 가면 송정해수욕장이 전투수영장인지 알 수 없을 정도로 양 지역이 합쳐져 있다. 지금도 군인들이 휴가 및 회식을 하러 이곳에 오고는 한다. 군인들을 위한 주차시설을 따로 준비하기도 하고, 파라솔 등의 장비를 염가로 대여하기 때문에 군인들은 이 지역에서 사람들 때문에 고생하는 경우가 적다.

송정은 다대포해수욕장과 함께 어깨를 나란히 하는 대한민국 서핑의 메카이기도 하다. 한국에서 최초로 서핑이 시작된 곳이기도 하다. 사계절 수온이 높고 파도와 바람이 파도타기에 딱 적절한 정도라 초급자부터 상급자까지 즐길 수 있는 최적의 조건을 갖추고 있다고 한다. 가을~겨울 시기에 가면 서퍼를 백 명 단위,

많게는 천 명까지 있다. 서핑 관련 교습학원도 많이 있다.

2020년부터 국방부가 양보해서 서핑구간을 기존 80m에서 120m로 확장한다. 2021년에는 270m로 더 확장한다.

여름 이외의 계절에는 부산광역시 지역 일대 대학생들의 MT의 성지이다. 하도 송정으로 MT를 자주 가서 지겨워 양산시 배내골이나 거제시, 경주시 등으로 많이 분산되고 있지만 여전히 송정해수욕장의 인지도는 절대적이다. 근처에 민박이나 팬션도 널려 있는데다 해운대랑 광안리에 비하면 사람도 적어서 소규모 활동이나 행사 등도 원활하게 진행할 수 있기 때문.

동해선 송정역에 동해선 광역전철이 정차한다. 송정역과 같은 날 이설된 신해운대역이 해운대역, 해운대해수욕장에서 엄청나게 멀리 떨어진 곳으로 옮겨진 것과 달리 송정역은 북쪽으로 이설되었음에도 충분히 해변까지 걸어갈 만한 거리이다.

이 중 100번, 181번, 185번, 해운대9번은 송정해수욕장 안쪽까지 들어가는 노선이니 잘 참고하자. 하지만 아예 안까지 들어오진 않고 송정중앙로 상에 있는 버스정류장에 정차하며 기장군 방면으로 빠져버린다. 이 정류장에서 해수욕장 까지는 도보로 1~2분 정도 거리에 위치해 있다. 원래는 181번 하나만 경우하였으나 100번의 동부산관광단지와 해동용궁사, 연화터널 방면으로 노선 조정 후 공동으로 경유하게되었고 국립부산과학관과 오시리

아역으로 가는 185번이 신설되었다. 덤으로 오시리아관광단지와 해동용궁사 관광객들을 위해 해운대9번까지 경유해줘서 현재는 무려 4개의 버스 노선이 지나다니게 되어 교통편이 많이 개선되었다.

상세 내용 아이콘 자세한 내용은 해운대 블루라인파크 문서를 참고하십시오.

송정해수욕장과 청사포, 해운대해수욕장을 연결하는 관광열차인 해운대 해변열차를 해수욕장 뒷편 해운대 블루라인파크 송정 정거장에서 탑승 가능하다.

에이핑크 멤버 정은지의 솔로 데뷔곡 하늘바라기의 뮤직비디오 촬영 장소 중 하나이다. 뮤비 마지막 부분에 은지가 어렸을때 찍은 사진도 나온다.

KOREA TOURISM AWARDS 2022
#해운대 #海雲臺 #ヘウンデ
#HAEUNDAE #GREENRAILWAY
#해변열차 #BLUELINEPARK

# 제7장 청사포 연가

부산광역시

# 해운대구

Haeundae-gu

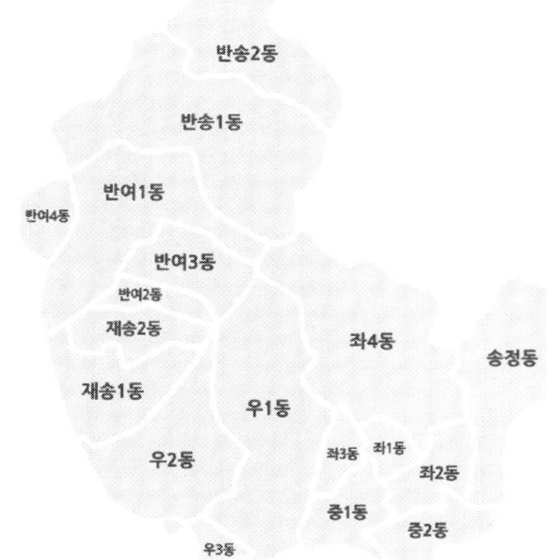

## 청사포의 유래

열린관광 모두의 여행 비지트코리아에 실린 청사포의 유래를 살펴보면 아래 내용과 같다.

해운대 달맞이언덕을 따라 송정 방향으로 가다 보면 오른쪽 아래로 보이는 곳이 청사포이다. 부산의 해운대와 송정 사이에는 세 개의 작은 포구가 해안을 따라 나란히 놓여있다. 구덕포, 미포와 더불어 청사포가 바로 그 작은 포구이다. 청사포는 질이 아주 뛰어난 미역이 생산되기로 유명하며, 이곳의 일출은 이미 아름답기로 정평이 나있다.

청사포의 해안 주변의 갯바위에는 낚시를 하기 위해 몰려온 강태공들로 항상 북적거리며, 특히 고등어가 제철인 가을에는 더 많은 사람들이 찾아온다. 그리고 해안을 끼고 동해남부선이 길게 뻗어 있어 가끔씩 경적을 울리며 달리는 기차가 한적하고 조용한 시골 마을의 풍경을 더욱더 돋보이게 한다.(지금은 해변열차 운행구간임)

이 철로는 전국에서 단 두 곳뿐인 해변 철길이며, 영화 '파랑주의보'의 촬영지로도 많이 알려져 더욱더 사랑을 받고 있다. 또 포구의 한쪽으로 쭉 늘어선 음식점과 횟집에서 한적한 포구를 배경 삼아 갓 잡아 올린 싱싱한 해산물을 한 점씩 맛보는 것도 묘미 중에 묘미이다.

청사포의 원래 이름은 '푸른 뱀'이란 뜻의 청사였다. 그 이름에 얽힌 전설은 예전에 이 마을에 살던 금실 좋은 부부가 살았는데, 고기잡이 나간 남편이 바다에 빠져 죽자, 그 아내는 해안가 바위에 올라 매일 같이 남편을 기다렸는데, 이를 애처롭게 여긴 용왕이 푸른 뱀을 보내어 부인을 동해 용궁으로 데려와 죽은 남편과 만나게 했다는 애틋한 전설이다. 그런데 마을지명에 뱀이란 단어가 들어가는 것이 좋지 않다하여 최근엔 '푸른 모래의 포구'란 이름으로 바뀌었다.

이르듯이 청사포는 남녀 간의 애틋한 사랑을 떠올리게 하며, 아늑한 시골의 정경을 떠올리게 하지만 지금은 해운대 그린시티와 인접해 있을 뿐만 아니라 신식 도로포장으로 접근성이 아주 뛰어나 맛 집과 카페로 유명해 지면서 관광명소로 더 알려져 있다.

## 청사포 장어구이 맛집

에니와 함께 미포에서 청사포까지 천천히 걸어서 하늘도 보고 바다도 보고 사람들도 보면서 닿은 곳이 하진이네다. 에니가 다리가 아프지 않을 때에는 걸어서 해운대 바닷가를 산책하는 일은 즐거운 일이었다.

하진이네도 에니가 잘 아는 장어구이와 조개구이로 유명한 맛집이다. 가끔은 기차의 경적소리가 맛있게 익어가는 장어구이와 장단을 맞추며 그 맛을 돋우어 주기도 한다. 시끌벅적한 맛집의 풍경은 전국 팔도에서 모인 여행객들로 분주하다. 소주와 맥주, 막걸리에 취한 여행객들은 장어구이와 조개구이를 안주 삼아 시간 가는 줄 모른다.

여행의 묘미는 멋진 풍광과 그곳에 있는 맛집에서 사람의 향기를 느끼는 것이 아닐까? 평소에 티격티격 하다가도 낯선 곳에 가면 동질성을 가지고 편견 없이 바라보는 시선이 참 좋다.

구수하고 고소한 냄새가 몸에 베이고 좀 비틀거리면서 바다를 바라보아라! 훌륭한 삶이 중요 하지만 무엇이 훌륭한 삶인지 조차 알 수 없는 대자연의 법칙들을 어떻게 정의하고 살 것인가를 생각해보면 살아있는 이 순간이 얼마나 소중한 것인지 아는 것이 더 큰 의미로 다가온다.

## 청사포 카페

청사포 해안가에서 뷰를 감상하며 즐길수 있는 조개구이 맛집과 카페들이 즐비하게 있다. 그 중에서도 철로 건너에 위치한 조그만 카페에서의 추억을 좋아한다.

몇 년 전 큰 희망과 해운대해수욕장을 거쳐 청사포까지 걸어서 산책을 하며 목마름을 해결하며 조금 쉬었다가 온 카페에서의 추억은 일생일대의 아름다운 기억이다.

더운 여름날 해그름역에 일몰을 보며 사진도 찍고 손에 손을 잡고 얘기를 나누며 바다를 보며 걷는 기분은 말로 표현할 수가 없다. 자주 있는 일도 아니고 모처럼 틈을 낸 큰 희망과 땀을 뻘뻘 흘리며 청사포를 돌아서 집으로 가야 하는데 돌아갈 길이 막막했다. 그래도 청사포까지 왔으니 카페에서 좀 쉬었다 가기로 하고 큰희망은 **쥬스, 나는 아메리카노를 마시며 이런저런 대화를 나누며 여유 있는 시간을 가지고 뜻있는 하루를 보낸 기억이 난다.

살아가면서 자녀들과 얼마나 많은 시간을 가져본 적이 있는가?

손에 꼽을 정도의 기억들이 나를 슬프게 한다. 자녀들이 어릴 때에는 야구도 하고 농구도 하고 함께했던 시간들이 많았지만 성장하면서 점점 회수는 줄어들고 각자의 삶을 존중하면서 늙어간다.

뒤틀린 삶의 조각들을 바로잡으려 노력해 보지만 후회는 항상 늦게 오기에 인생은 미완성으로 남아있다.

나무위키에 실린 전인권의 4집 앨범 '전인권과 안 싸우는 사람들'에 수록된 곡(걱정말아요 그대)을 옮겨본다.

전인권이라는 가수를 대표하는 곡 중 하나이고, 특히 인기 드라마 응답하라 1988 OST로 이적의 리메이크 곡이 쓰이며 청년 세대에게도 인지도가 크게 올랐다. 리메이크 곡은 어쿠스틱 풍으로 편곡되었고 양희은이 연상되는 따뜻함을 가졌으나, 원곡은 전인권 본연의 스타일 그대로 밴드 풍에 거칠고 애절함과 처절함이 많이 느껴지는 노래다.

2017년 독일의 그룹 Bläck Fööss의 "Drink doch eine met"라는 곡을 표절했다는 의혹이 제기되었다. 전인권은 처음에 표절을 부인했으나, 결국 사실상 표절을 시인했다. 자세한 내용은 아래에 후술.

이 곡은 원래 전인권이 자신을 존경하는 후배 김장훈에게 주려고 한 노래였다. 근데 김장훈의 음원 발매가 늦어지자 그냥 자기 노래로 냈다고 한다. 이후 이 노래가 히트하자 전인권이 김장훈을 약 올렸다고 한다. 그리고 2013년 들국화 콘서트에서 김장훈과 같이 불렀다.

*그대여 아무 걱정하지 말아요*
*우리 함께 노래합시다*
*그대 아픈 기억들 모두 그대여*
*그대 가슴에 깊이 묻어 버리고*

*지나간 것은 지나간 대로*
*그런 의미가 있죠*
*떠난 이에게 노래하세요*
*후회 없이 사랑했노라 말해요*

*그대는 너무 힘든 일이 많았죠*
*새로움을 잃어버렸죠*
*그대 슬픈 얘기들 모두 그대여*
*그대 탓으로 훌훌 털어 버리고*

*지나간 것은 지나간 대로*
*그런 의미가 있죠*
*우리 다 함께 노래합시다*
*후회 없이 꿈을 꾸었다 말해요*

*지나간 것은 지나간 대로*

그런 의미가 있죠
우리 다함께 노래합시다
후회 없이 꿈을 꾸었다 말해요

지나간 것은 지나간 대로
그런 의미가 있죠
우리 다함께 노래합시다
후회 없이 꿈을 꾸었다 말해요

지나간 것은 지나간 대로
그런 의미가 있죠
우리 다함께 노래합시다
후회 없이 꿈을 꾸었다 말해요

지나간 것은 지나간 대로
그런 의미가 있죠
우리 다함께 노래합시다
후회 없이 꿈을 꾸었다 말해요

우리 다함께 노래합시다
새로운 꿈을 꾸겠다 말해요

# 제8장 더베이 101

부산광역시
# 해운대구
Haeundae-gu

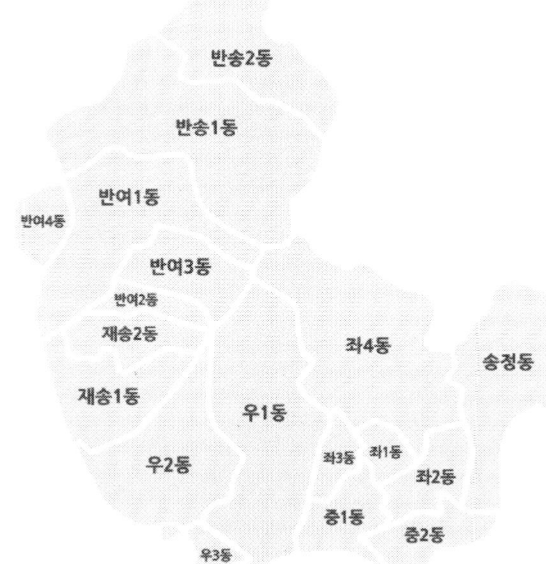

## ❁ 춤추는 사람

해운대 동백사거리에서 다리를 건너자마자 오른쪽에 있는 건물의 벽에서는 춤추는 사람이 나타난다. 낮에는 선물상자로 포장되어있고 밤에는 레이저로 춤추는 사람을 형상화하여 사람들의 시선을 끈다.

어른들의 눈에는 그냥 광고로 보였지만 아이들의 눈에는 신기한 영상으로 다가가 호기심을 불러 일으키는 것 같다.

동백섬을 산책하려면 그 앞을 지나야 하기에 무심하게 지나쳤는데 많은 사람들에게는 저게 뭐지? 벽면에서 움직이는 영상을 보고 한 아이가 소리쳤다. 저기 "춤추는 사람"이야

무슨 영화에 나오는 얘기도 아니고, 동화속의 그림도 아닌데 어떻게 정확하게 저기 "춤추는 사람"으로 표현할 수 있는지 동백섬을 돌며 여러 번 그 아이의 천재성에 감탄을 했다.

사물을 있는 그대로 바라보는 마음이 철학적 상상을 넘어 현실세계에서 전하는 의미일 것이라 생각하며, 어릴 적 욕심이 없는 시절로 돌아가서 순수한 순백의 마음을 가지는 연습을 해야겠다고 다짐을 해본다.

케이팝매거진에 수록된 포크가수이자 싱어송라이터인 이용복이 부른 '어린 시절'을 실어본다.

원곡은 1973년 빌보드 싱글챠트 2위를 기록한 영국의 싱어송라이터인 클린터 홈즈의 'Playground in my Mind'를 이용복이 작사하여 번안한 곡이다.

이용복은 1952년 대구출신으로 한국의 '레이찰스'로 불리며 포크음악의 정서와 대중성을 겸비한 음악들로 인기를 끌었다. 대표곡으로 '그 얼굴에 햇살을', '어린 시절', '달맞이꽃', '잊으라면 잊겠어요', '사랑의 모닥불' 등이 있다.

*1. 진달래 먹고 물장구 치고 다람쥐 쫓던 어린 시절에*
*눈사람처럼 커지고 싶던 그 마음 내 마음*

*아름다운 시절은 꽃잎처럼 흩어져*
*다시 올수 없지만 잊을 수는 없어라*
*꿈이었다고 가버렸다고 안개 속이라해도 워우워우*

*진달래 먹고 물장구 치고 다람쥐 쫓던 어린 시절에*
*눈사람처럼 커지고 싶던 그 마음 내 마음*

*2. 진달래 먹고 물장구 치고 다람쥐 쫓던 어린 시절에*
*눈사람처럼 커지고 싶던 그 마음 내 마음*

*꿈을 짓던 시절은 눈물겹게 사라져*
*어느샌가 멀지만 찾아갈 수 있겠지*
*비가 온다고 바람분다고 밤이 온다고 해도 워우워우*

*진달래 먹고 물장구 치고 다람쥐 쫓던 어린시절에*
*눈사람처럼 커지고 싶던 그 마음 내 마음*

## ❋ 대도식당과 카페

선물상자를 풀고 건물 안으로 들어가면 1층에 카페와 주류를, 2층에 대도식당과 카페가 있다.

대도식당에서 제일 맛있는 고기는 등심을 추천한다. 생일이나 특별한 날에 식구들과 등심을 먹으며 소소한 시간을 보내기도 하고, 카페에서 아메리카노 커피를 마시며 우주의 기운을 얻는다. 가족과 대화의 시간을 가지는 것은 그 어느 때 보다도 소중하고 행복하다.

모임에서 몇 번 식사를 하기도 하고 맥주를 마시며 시간을 보내기도 하였는데 하루는 요트를 타기위해 대기를 하였으나 비 때문에 취소가 되어 많이 아쉬워했던 기억이 있다.

더베이 101의 대도식당과 카페가 들어서기 전에는 잡초만 무성한 빈 공터였다. 동백섬과 춘천 사이에 개발제한구역이기도 하고 설마 무엇이 들어올까 했는데 지역의 건설업체인 삼미건설에서 허가를 내어 요트 계류장 시설과 함께 요트타기 등 지역발전을 위해 선구자적 역할을 하고 있다.

그런데 아직까지 101 건너편 까멜리아 아파트 등 지역주민들과의 갈등이 마무리 되지 않아서 요트 계류장 시설 등이 보류상태에 있어서 조금 아쉬운 점이 있다.

## ❋ 요트학교

부산광역시 해운대구 해운대해변로 84 부산광역시요트협회에 위치한 부산 요트학교는 요트인구의 저변확대와 해양스포츠문화

활성화를 위한 기틀을 마련하고자 설립되었다.

부산요트학교 홈페이지 내용을 보면
BUSAN SAILING SCHOOL

해양레저 스포츠 중에서도 세일링요트는 자연의 이치를 쉽게 배울 수 있고, 세일링을 할 때마다 인생을 배울 수 있으며,
바다를 통하여 세계 어느 곳이라도 갈 수 있는 그 첫걸음이 세일링요트입니다.

부산요트학교는 국제세일링스쿨협회(Ineternational Sailing School Association)의 RYA 요트교육과정에 의하여 충실히 교육하고 있습니다.

교재의 내용은 요트를 처음 시작하는 초급에서, 중급, 고급 과정까지 꼭 알아야 할 부분입니다.

Level 1(초급과정)은 세일링에 필요한 기본적 지식과 기술습득 과정이며, Level 2(중급,고급과정)은 세일링에 필요한 기본적 지식을 응용할 수 있는 지식과 기술을 습득하기 위하여 편성되어 있습니다.

교재만으로는 이해하기 힘든 부분을 실기를 통하여 충분히 습득될 수 있도록 연습과 훈련하여 즐겁고 안전한 세일링이 될 수 있기 바랍니다.

요트는 딩기와 크루저로 구분하며,

딩기 요트(Dinghy Yacht)는 엔진과 선실이 없는 1~3인용 소형 세일 요트(sail yacht)며, 작은 돛과 바람의 힘으로 가기 때문에 연안이나 강, 호수에서 레포츠용으로 많이 이용되고 있다.

크루즈 요트는 엔진과 선실을 갖추고 있으며, 돛으로도 갈 수 있다. 야마하와 헌터 등 크루즈 요트의 브랜드 및 크기와 엔진의 성능에 따라 그 가격차이가 크다고 할 수 있다.

요트는 네덜란드의 '사냥한다', '쫓는다'라는 뜻의 야겐(yagen)으로부터 나온 말이다. 요트경기는 1661년 9월 영국의 찰스 2세가 그의 동생 요크공과 더불어 템스강의 그리니치에서 그레이브센트까지 37㎞코스에서 '100파운드 상금레이스'를 행한 것이 시초이다.

1875년에는 영국요트협회(Royal Yachting Association)가 창립되었고, 이어 1907년에는 국제요트경기연맹(International Yacht Racing Union)이 조직되었다. 국제경기로는 아메리카컵레이스를 비롯하여  세계선수권대회·골든레이스·국제요트선수권대회·애드미럴컵대회 등이 해마다 열리고 있다.

우리나라에 요트가 소개된 것은 제24회 서울올림픽대회 준비와 더불어 급격히 발전하였다. 1979년 3월에 대한요트협회가 결성되었으며 매년 전국요트선수권대회를 개최하여 요트인구의 저변확대에 기여하고 있다.(출처 : 한국민족문화대백과사전)

# 제9장 마린시티

# 부산광역시
# 해운대구
Haeundae-gu

## ◎ 영화의 거리

해운대 영화의 거리는 동백섬 쪽에서 시작하여 해운대 요트경기장까지 약 2㎞ 구간 해안가에 위치한다.

방파제를 화판으로 해서 천만관객 영화존과 에니메이션존, 해운대배경영화존, 산토리니광장으로 구역을 나누어 보는 재미도 쏠쏠하다. 연인과 함께 손을 잡고 산책하기 좋은 코스로 방파제 너머로 출렁이는 파도소리와 광안대교를 배경으로 추억을 쌓기에 좋은 장소이다.

천만관객 영화존에는 변호인, 명량, 베테랑, 국제시장 등 천만관객이 본 영화들로 누구나 한번쯤 본 영화들이라 자연스럽게 그때의 이미지를 떠올리며 대화의 소재로 삼기에 좋다.

영화의 거리 맞은편에는 맛집들과 카페가 즐비하여 편안하게 뷰를 감상하며 요기를 하거나 휴식을 취하기 좋은 곳이다. 어느 집이든 취향에 따라 골라서 들어가도 후회하지 않을 것이라 생각된다.

집에서 시작하여 동백섬을 한 바퀴 돌아 영화의 거리를 지나 요트경기장까지 1시간 정도의 산책은 온몸의 에너지가 강화되는 느낌을 주어 참 좋다. 저절로 엔돌핀이 솟아나오기도 하여 기분이 좋아지기도 하지만 많은 여행객들이 주는 환한 미소와 동심의 세계로 돌아가게 하는 마법의 순간들이 교차하면서 즐거움을 안겨준다.

## 불꽃축제

해마다 10월이면 광안대교를 배경으로 불꽃축제가 열린다. 많은 시민들뿐만 아니라 전국에서 모여든 불꽃축제 관람객들로 광안리 해수욕장은 인산인해를 이룬다.

그러나 광안리 해수욕장이 아니더라도 불꽃축제를 생생하게 감상할 수 있는 곳이 바로 건너편에 있는 영화의 거리 방파제이다. 불꽃축제를 보기위해 수많은 인파들이 모여들며 불꽃축제의 명소가 되었다.

광안대교와 어우러져 밤하늘을 수놓으며 온갖 형상들을 다 보여주기에 참 멋지고 아름다운 광경을 한순간도 놓칠 수가 없다. 이곳저곳에서 우와 감탄의 목소리가 터져 나오고 굉장한 폭음이 우레와 같이 몰아쳐도 그 아름다움에 매몰된다.

어둠은 빛을 낳고, 돌을 낳고, 희망을 낳고, 사랑을 낳는다. 칠흑같이 어두운 밤 한 번도 가보지 않은 낯선 길을 가본 적이 있는가?

함께 가면 어디든지 갈 수 있지만 혼자 가는 길은 두려움과 외로움, 공포심으로 등골이 오싹해지며 긴장의 끈을 놓지 못할 것이다.

불꽃축제는 이러한 두려움이 무엇인지 1도 없으며 오직 함께하는 즐거움과 아름다운 희망으로 가득 채울 수 있다. 그래서 축제는 참 좋다.

## ❂ 제니스

해운대 마린시티 안에 가장 상징적인 건물이다. 지하 5층 지상 80층 고층아파트에 1,788세대가 산다.

입구에 진입하는 순간 무슨 우주선에 탑승하여 우주를 여행하는 기분이 들게 한다. 잘 다듬어진 진입로에 숲으로 산책로를 조성하여 지상에서는 차를 볼 수가 없다.

처음에는 분양이 되지 않아 2년 살아보고 결정하세요. 라며 분양 입주를 재촉하였는데 지금은 고층의 조망권을 선호하는 추세라서 아마도 분양가격보다도 훨씬 높은 가액으로 거래되고 있다.

나는 제니스가 들어서는 것을 반대했던 사람이다. 고층으로 조망권은 물론이고 하늘의 햇빛도 가져가 버렸기에 피해가 이만저만이 아니다. 그런데도 공사기간 내내 아무런 진정도 하지 않고 순조롭게 건축되었다. 이것은 아마 시공사인 두산건설의 복이라고 생각한다.

겨울만 되면 2～3시간씩 일조권을 빼앗긴 기분은 당해보지 않은 사람은 모를 일이다. 다수의 민원을 경청하지 않은 행정관청의 허가도 문제이지만 시행사의 이익을 위해 주변상황을 아랑곳하지 않고 용적률을 높여 최대의 이익을 가지고자 하는 데에도 문제가 있다.

허가권을 가진 행정관청에서는 다수의 이익이 무엇인지를 생각해보고 국토의 균형개발을 생각해 볼 일이다.

## 아이파크

해운대 마린시티에서 두 번째로 상징적인 건축물이 아이파크다. 광안대교와 가장 가까이 있고, 요트경기장 옆에 위치하여 부자들이 사는 아파트로 인식되고 있다.

아이파크는 주거용 아파트로서 뿐만 아니라 해안가 앞 동은 호텔로 운영되고 있다. 호텔 안에는 양식코너 등 부대시설이 잘 갖추어져 있어서 데이트 코스로 젊은 사람들이 많이 이용한다.

지난 1월 일주일전에 양식당을 이용하기 위해 예약 사이트에 접속을 하였으나 만석으로 예약이 되지 않았다. 부자들이 사는 동네이기도 하고 SNS 등 예약문화가 발달되어 있어서 기성세대에서는 불편한 점이 많다.

스마트폰을 잘못 이용했을 경우에는 사기전화에 걸려 사기를 당한 사례도 많아서 함부로 접근할 수도 없다.

그런데 요즘 젊은 세대들은 스마트폰을 이용해 맛집 검색이나 주문 등 온갖 것들을 편리하게 이용하거나 적립해서 같은 음식을 먹어 면서도 결제금액은 어른들이 더 비싸게 먹는 것 같아서 좀 씁쓸하다.

아이파크는 윗부분이 큰 배의 돛으로 형상화하여 좀 독특한 건축물로 보인다. 결코 평범하지 않은 건축물에서 펜트하우스에는 어떤 분이 살고 있을까? 궁금해진다.

고층의 펜트하우스에 사는 분의 얘기를 들어보면 위에서 아래로 보는 재미와 아름다운 경관에 미처 경험해보지 못한 쾌감을 느낀다고 한다. 감히 평범한 사람이 넘볼 수 없는 상황이 아쉽긴

해도 거기에 사는 사람은 거기에 사는 대로 아래에 사는 사람은 아래에 사는 대로 제멋에 사는 것도 큰 즐거움이다.

## 대우마리나아파트(벚꽃)

마린시티에서 주거전용으로 제일 먼저 대우마리나아파트가 조성되었다. 1차와 2차, 3차 아파트로 대단지 아파트이며, 1차와 2차는 30여년이 넘어 재건축을 추진하고 있다.

지하철 2호선 동백역과 아파트 마당이 붙어있어 역세권이며, 주변에 해운대해수욕장과 동백섬, 초등학교와 중학교, 고등학교 등 교육환경 뿐만 아니라 요트경기장이 있어 최고의 입지조건을 갖춘 곳이다.

오래된 아파트인 만큼 단지 내 도로를 따라 벚꽃들이 휘날릴 때이면 여기저기서 벚꽃을 배경으로 사진을 찍고 동영상을 찍으며 추억을 기록한다. 진해의 벚꽃구경을 가지 않더라도 만족도는 최상이다.

재건축의 조감도를 보면 3개동 고층 아파트로 주차장이 지하이고, 지상에는 조형물과 숲으로 조성된 공원으로 최첨단의 주거환경을 제공하고 있어 정말 살기 좋은 아파트로 보인다.

재건축 절차상 안전진단을 위해 동의서를 접수하고 있으며 60% 이상이 동의하여 곧 재건축조합이 구성될 것 같다. 그런데 재건축 추진방식에 있어서 직접 시행할 것인지 신탁방식으로 할 것인지 상호 다툼이 있어서 합의점을 찾기가 쉽지 않아 보여 안타까운 심정이다.

많은 주민들이 직접 조합을 설립하여 재건축을 추진할 것을 염원하고 있으며, 일부 주민이 신탁방식을 주장하고 있으나 수도권에서 신탁으로 재건축을 시행했다가 전 재산을 경매처분 한다는 신탁방식의 문제점이 들어나기도 하여 직접 시행하는 것이 안전하고 신속하게 진행할 수 있는 최선의 방법이 될 것 같다.

## ✺ 오렌지 상가

마린시티가 조성되면서 생겨난 상가이다.

주변에 한화리조트와 더샾, 제니스 등 주상복합건물이 들어서면서 만남의 장소와 맛집으로 유명해진 상가로서 한표가 가끔 이용하는 막걸리와 파전집, 맥주와 디저트 등으로 웃음꽃이 만발한 곳이기도 하다.

사람이 살아간다는 것은 혼자서 좋아하는 일들을 사랑하면서 사는 것도 중요하지만 함께 어울려 고민하고 고뇌하며 쏟아내는 한마디가 더 가슴에 와 닿을 때가 있다. 터놓고 얘기할 상대가 있다는 것은 그것을 들어주고 감싸 안으며 공감해 주는 누군가가 있다는 것은 맛있는 음식을 위해 양념이 필요한 것처럼 세상을 살맛나게 해주는 것이다.

얼마 전 중견기업의 임원으로 근무하다가 퇴직한 선배와 상가 2층의 전골집에서 막걸리와 저녁을 먹으며 행복하게 잘 사는 비결은 사랑하는 가족이 있기 때문이다. 고 하면서 외국에 나가있는 자식을 자주 못 보는 아픔으로 울적할 때가 많다고 하였다.

활짝 핀 꽃송이에도 자세히 보면 상처가 있는 것처럼 우리 인생도 알고 보면 상처 없는 사람이 없는 것 같다. 바람이 불고 눈보라가 몰아쳐도 그 순간을 이겨내는 마음의 자세가 중요하며, 그러한 상처를 치유하고 인간 본성으로 돌아갈 수 있도록 하는 힘이 생성되는 곳이 여기 오렌지 상가이다.

오렌지 상가에는 입맛대로 고르는 재미도 있지만 MZ의 젊은 세대는 고기집을 선호하는 경향이 있어서 고기집들도 문전성시를 이루고 있는 것 같다.

## 티파니 21

동백섬에서 영화의 거리를 가다보면 까멜리아 아파트 앞 냇가에 티파니 21 선착장이 나온다.

마린시티가 조성되기 전에는 티파니21 선착장을 이용하는 사람들이 많았는데 언제부터인가 선착장에는 철조망이 쳐있고 운행을 하지 않는 것 같아서 아쉬움이 많았다.

베네시티 지하의 뷔페에서 맛있는 음식을 만들어 티파니 21에 한 가득 싣고, 파도와 음악의 선율에 맞추어 사랑하는 사람과 해운대 앞바다를 항해하는 기분을 상상해 보아라.

베토벤의 운명 교향곡이 아니더라도 운명처럼 다가온 사랑의 세레나데를 누가 막을 것인가?

미국의 건축가 루이스칸(1901～1974)은 '베토벤이 5번 교향곡을 작곡하기 전에는 아무도 이를 필요로 하지 않았다. 하지만 이제 우리는 5번 교향곡 없이는 살 수 없다.'고 하였다.

티파니21에서 느끼는 해운대의 밤은 살아갈수록 아름답고 매력적이라서 티파니21의 부활을 기대한다.

영화의 역사는 그리 오래되지 않았다. 1896년 프랑스의 뤼미에르 형제가 만든 '열차의 도착'을 최초의 영화로 보며, 영미권에서는 영화를 필름, 시네마, 무비 등 다양하게 표현하고 있다. 영화는 6가지 전통예술(연극, 회화, 무용, 건축, 시, 음악) 다음으로 7번째 예술이란 의미로 '제7의 예술이다'라고도 한다.

# 제10장　센텀시티

부산광역시

# 해운대구

Haeundae-gu

반송2동
반송1동
반여1동
반여4동
반여3동
반여2동
재송2동
좌4동
송정동
재송1동
우1동
좌3동
좌1동
좌2동
우2동
중1동
중2동
우3동

## ◎ 영화의 전당

영화의 전당 홈페이지의 연혁을 보면 다음과 같다.

영화의 전당(Busan Cinema Center)은 부산광역시 해운대구 센텀시티에 위치한 '유네스코 영화창의도시' 부산의 랜드마크이다. 국내에서 영화를 사랑하는 영화인들의 열망과 아시아의 대표적인 영화•영상 도시를 지향하는 부산시의 강력한 의지가 뒷받침되어 2011년 9월 29일에 탄생하였다.

2005년 국제 지명 현상 설계 공모에서 오스트리아 '쿱힘멜브라우'의 디자인이 선정되었다. 쿱힘멜브라우가 기본 설계, 희림종합건축사사무소가 실시 설계, 한진중공업이 시공하였으며, 2008년 10월 기공, 2011년 9월 29일에 개관식을 가졌다.

애칭으로 순우리말인 두레(함께 모여)와 라움(즐거움)을 조합한 '함께 모여 영화를 즐기는 자리'라는 의미인 '두레라움(Dureraum)'이라고도 불린다.

그러니까 영화의 전당은 제16회 부산국제영화제부터 개관을 하였다.

예전에는 남포동의 BIFF광장과 해운대요트경기장 야외극장에서 영화를 상영하며 초라하게 시작 하였다.

초창기에 김동호 위원장을 중심으로 똘똘뭉쳐 영화의 불모지인 부산을 영화의 성지로 초석을 다졌는데 몇 번의 우여곡절을 겪으며 지금의 부산국제영화제로 발전을 거듭하고 있다.

영화에 대해서 잘 모르는 나도 영화의 전당 개막 영화를 본 기억이 있다. 그 정도로 부산시민의 관심과 사랑으로 성장한 부산

국제영화제이며, 영화를 통해 부산문화의 우수성을 세계에 알리는 계기가 되었다고 할 수 있다.

영화의 전당이라는 브랜드 가치와 해운대의 유명호텔이 가지는 관광 인프라가 더욱더 부산국제영화제를 빛나게 하는 것 같다.

얼마전 영화의 전당 비프힐에서 비카츄(부산국제어린이청소년아트페어)가 이영애 대표 주관으로 열려 관람을 한 적이 있다. 올해로 제3회째 열리는 순수한 그림 전시회이자 미래 작가의 꿈을 이루게 하는 가교역할을 하는 것 같아서 큰 박수를 보낸다.

대상으로 뽑힌 '세계관'이라는 작품의 설명을 들으며, 그 섬세하고 빼곡하게 표현한 세계관의 이미지와 삼원색의 구상이 멋져 보였다. 우수작으로 뽑힌 '유관순의 얼굴'을 다양하게 표현한 작품, 드로잉 기법으로 하얀 도화지에 머리를 풀어헤친 작품 등이 눈에 들어왔다.

이르듯 영화의 전당은 부산문화의 다양한 이미지를 세계에 알리는 글로벌화된 건축물로 인식되고 부산문화의 아름다운 꽃으로 불려지길 바라는 마음이다.

## 신세계백화점과 롯데백화점

지하철 제2호선 센텀역에서 내리면 신세계백화점과 롯데백화점으로 쇼핑할 수 있도록 바로 연결되어있다.

예전에 보세장치장의 컨테이너 야적장으로 사용하던 곳으로 센텀시티를 개발하면서 모두 이전하고 주상복합아파트와 백화점이 들어서기 시작하여 슬림화된 도시를 일류 도시로 만들었다.

그야말로 상전벽해가 된 곳이 센텀시티이다. 여기에 신세계백화점과 롯데백화점이 동시에 건설되어 화룡점정을 이루었다. 주말이면 부산시민뿐만 아니라 외지에서도 백화점을 찾는 고객들로 주변의 도로가 주차장으로 변모할 만큼 복잡하다.

해운대 신세계백화점은 세계최대 규모의 백화점으로 쇼핑에서 스파와 놀이까지 한 곳에서 해결할 수 있어서 하루 종일 있어도 신나고 즐겁다. 추위와 더위를 모르고 그냥 즐기면 된다.

해운대 롯데백화점도 신세계에 비해 규모가 조금 작지만 가격의 메리트가 크다고 하기에 롯데와 신세계를 왔다 갔다 하면서 교차 쇼핑을 즐기기에 참 좋은 곳이다. 공교롭게도 센텀역에서 내리면 왼쪽은 신세계 오른쪽은 롯데로 상호 이동하기에 편리하다.

오래전 신세계백화점 스파에서 온가족이 함께 스파를 즐겼던 기억이 있다. 에니가 공짜로 수집한 티켓을 가족과 함께 사용하기 위해 모아 두었다가 바쁜 일정을 맞추어 이용하였는데 주변에 멋진 시설을 혼자 이용할 수도 있는데 온 가족이 함께 이용할 수 있도록 배려한 에니에게 늦게나마 고마움을 전한다.

## ❁ 나루공원

APEC을 기념하기 위해 만든 공원이다.

광안대교를 향해 수영강이 유유히 흐르고 신세계백화점과 롯데백화점, 영화의 전당 등 볼거리와 고층의 주상복합아파트가 빼곡이 서있어서 공원을 이용하는 사람들이 많다.

공원 건너편 더샾, 현대, 르네상스 등 대단지 아파트 주민들도

다리를 건너 산책을 즐긴다고 한다.

예전에 나루공원을 알리기 위해 공원 안에서 국화축제가 열렸는데 에니와 함께 국화로 만든 예쁜 조형물 앞에서 사진도 찍으며 추억을 쌓았던 기억이 있다. 토끼집 앞에서 먹이도 주고 잘 자라길 바라는 마음을 내면서 번식력이 뛰어난 토끼를 위해 '아이러브 토끼'를 외치던 에니의 순수했던 마음을 지금 볼 수 있으면 얼마나 좋을까? 생각해 본다.

APEC나루공원은 약 3만평 규모의 공원으로 APEC기념광장과 야외무대, 산책로와 부산비엔날레 조각프로젝트 출품작 등이 있다. 처칠의 개, 반짝이는 초콜릿 등 많은 작품들이 전시되어 있어 살아있는 박물관으로 손색이 없다. 도심 속에서 즐기는 공원 나들이는 뽕도 따고 임도 보는 일석이조의 효과가 있다.

데니스 오펜하임의 작품은 '반짝이는 초콜릿'외 달맞이 언덕에 있는 '꽃의 내부' 등 국내에 많은 작품을 남긴 설치예술가로 세계적인 명성이 있는 분이다. 지금은 세상을 떠나고 없지만 빛나는 예술가의 영혼은 많은 곳에서 그 빛을 발하고 있다.

나루공원에서 즐기는 해운대 리버크루즈 승선장을 소개하면 요트경기장에서 운영하는 요트와는 달리 20인승 또는 40인승 크루즈로 수영강 상류쪽과 수영교, 민락교, 광안대교를 조망하며 민락수변공원을 돌아서 다시 출발지로 돌아오는 코스로 약 55분이 소요되며, 오전 11시부터 밤 10시까지 이용이 가능하며 하루 8차례 운행하고 있다. 대중적인 퍼블릭투어와 원하는 시간과 코스의 조정이 가능한 프라이빗투어로 구분해서 운항하고 있다. 특히, 매주 토요일 밤에 광안대교를 배경으로 드론쇼를 관람하는 것도 하나의 재미로 보인다.

## ❁ 벡스코

일 년 365일 내내 전시행사가 없는 날이 없는 것 같다.

지하철 2호선 센텀역과 벡스코역 어느 곳을 이용해도 좋다. 제1전시장의 전시공간이 부족하여 얼마 전 제2전시장을 개장하였는데 제2전시장은 벡스코역에서 내려 이용하는 것이 편리하다.

제1전시장과 제2전시장이 도로를 사이에 두고 그 위를 왕래할 수 있도록 기획한 어마하게 큰 전시장인데도 불구하고 부족한 실정이니 전시회가 얼마나 중요한지를 알 것 같다.

가장 기억에 남는 전시회는 자동차 모터쇼였는데 세계의 자동차 제조사에서 출시 예정인 자동차 브랜드를 전시하면서 자동차의 역사와 모델들을 동시에 오픈하여 보여줌으로써 수요를 예측하기도 하고 광고효과를 극대화하려는 시도가 신선하게 다가왔다.

아무리 잘 만들고 좋은 물건이라도 고객이 모르는 것은 모르는 것이다. 홍보의 중요성을 말로 다 표현할 수가 없다. 각자의 기업에서 만든 물품들의 우수성을 알리고 직접 시험해 보기도 하여 현장에서 느끼는 현실적인 효과로 나타나는 것이 전시회인 것 같다.

백문이 불여일견이라는 말이 있는 것처럼 직접 체험해보고 만져보고 눈으로 보는 것은 상상 이상으로 효과가 있어 보인다.

코로나 19로 비대면 시장이 활성화되고 전자상거래가 성장세를 유지하고 있지만, 사람은 사회적 동물이기 때문에 서로 부디끼고 싸워가며 정들어 가는 것이다.

주 40시간 근무로 주말이 이틀이나 되기 때문에 많은 사람들이 밖으로 나와 외식을 하거나 경치 좋은 카페에서 차를 마시며 여유 있는 삶을 즐기는 것 같다. 참 바람직하다.

얼마전 헬로윈데이는 아닌 것 같은데 벡스코에는 알룩달룩한 의상을 하고 머리는 형형색색 길게 늘어뜨리거나 짧은 단발머리로 칼라풀하게 단장을 한 젊은이들이 모이는 모습을 보았다. 넓은 광장에 모인 MZ 세대는 어떤 놀이를 즐기는가 생각을 하며 기성세대들은 그들의 문화를 존중하며 함께 공감을 가져야 동시대를 살아가는 기쁨이 아니겠는가 생각해 본다.

## 부산시립미술관

지하철 2호선 장산 방향으로 센텀역을 지나 다음 벡스코역에서 내려 부산시립기술관까지 5분이면 도착한다. 벡스코역 이전에는 시립미술관역이었는데 어느날 벡스코역으로 바뀌었다.

한표가 가장 아끼고 즐기고 싶은 부산의 문화공간이다. 해마다 많은 작품들이 전시되고 하기를 반복하지만 아무리 머물러도 지루하지 않고 오래도록 머무르고 싶은 공간이다.

미술관 본관 옆 작은 별관이 하나 있는데 거기에는 점 그림으로 유명한 이우환 화백의 상설 전시장이 마련되어 있다.

유럽의 대가들이 그림으로 유명해지기 전에는 춥고 배고픈 시절을 견디지 못해 스스로 몰락하는 경우들이 많았는데 우리들의 젊고 패기 넘치는 젊은 화가들이 그 순간들을 잘 극복하여 고뇌와 희망을 주는 문화전도사가 되어주길 바라는 마음에서 부산시립미술관이 그 역할을 해주길 바라는 마음이다.

야수파의 마티스, 인상파의 마네 모네 드가 피사로 르느와르, 후기 인상파의 피카소 등 그들이 보여준 미술사의 변곡점을 우리의 젊은 미술가들이 해주길 바라는 마음이 오래도록 부산시립미술관에 머무는 이유이기도 하다.

## 88올림픽 동산

세계인의 축제 올림픽이 1988년도에 우리나라에서 개최되었다.

서울을 중심으로 올림픽이 개최되었지만 제2의 도시 부산에도 올림픽이 개최되었다. 잔잔한 파도가 일렁이는 광안리 앞바다에서 세계의 요트 스포츠맨들이 참여하는 요트 경기대회는 참으로 장관을 이루었다. 형형색색의 요트가 바람을 가르며 질주하는 모습들이 전 세계에 라이브로 중계되고 역동적인 부산의 모습들이 해양스포츠의 메카로 자리매김하도록 하기에 충분하였다.

이러한 올림픽의 개최를 기념하기 위해 만든 공원이 88올림픽 동산이다. 올림픽 동산은 해운대 시립미술관과 연결되어있다. 올림픽 동산에는 많은 조각 작품들이 전시되어 있고 시민들의 휴식 공간으로 활용하기에 참 좋은 곳인데 많이 알려지지 않은 것 같아서 유감이다.

얼마 전 벡스코 제2전시장이 들어서며 88올림픽 동산의 일부 공간을 잠식해서 참 안타까웠다.

부산시민으로서 88년도에 올림픽을 개최했다는 자부심과 해양스포츠의 발판을 마련했다는 자긍심으로 전 세계인에게 각인되고 서울 중심의 문화를 지역을 기반으로 발전할 가능성에 대해서도 누군가가 그 역할을 했으면 참 좋겠다는 생각을 해본다.

## 부산시 사회체육센터

100세 시대 건강을 생각하기 전에는 체육의 중요성을 잘 몰랐다.

체육하면 달리기와 턱걸이, 수영, 국민체조 정도로 국민체조는 장소 불문 어디에서나 가능 하지만 수영이나 달리기 등은 특정한 장소가 있어야 가능하다. 특히, 수영의 경우가 그렇다.

부산시 사회체육센터에서는 수영을 중심으로 주변의 많은 사람들에게 건강과 휴식, 만남의 공간을 제공하고 있다.

이러한 부산시 사회체육센터는 1984년도에 '튼튼한 몸, 밝은 마음, 명랑한 사회'라는 슬로건으로 체육문화창달을 통한 지역사회 발전에 기여할 목적으로 창립하였으며, 지하철 2호선 벡스코역에서 도보로 3분 거리에 위치하며 주변에 벡스코와 부산시립미술관, 88올림픽 동산 등 많은 문화시설들이 있다.

부산광역시 사회체육센터가 있는 올림픽기념국민생활관을 소개하면 다음과 같다. 제24회 88서울올림픽대회의 성공을 후대에 전승하고 기념하기 위해 1991년 개관한 지하 1층 지상 3층 건물로 1층에는 실내수영장과 수영용품 등 판매점, 2층에는 헬스장과 대관시설, 3층에는 탁구장 등이 있다. 부대시설로 소공연장과 야외 테니스장 등이 있으며, 사시사철 누구나 이용할 수 있다.

# 제11장 그린시티

부산광역시

# 해운대구

Haeundae-gu

## ❁ 좌동 재래시장

1996년도에 해운대 신도시가 건설되면서 일부 제외되었던 곳이 재래시장으로 변모해 발전하였다.

10만 명 상주인구를 자랑하는 신도시의 중심에 재래시장이 있다는 것이 신기하기도 하고 주변 아파트 등 주거시설과 학교 등을 제외하면 별도의 상업시설이 많지 않았기 때문에 실제로는 중심 상업지역으로 그 역할을 한 곳이기도 하다.

재래시장에는 많은 먹을거리와 공영주차장이 있어서 접근하기도 편리하다. 횟집, 장어집, 칼국수집, 해물탕집 등 싸고 맛있는 맛집들이 많아서 만날 장소로 많이 이용된다.

얼마 전 친구의 초대로 부산의 명품골프장인 베이사이드에서 운동을 하고 가까운 재래시장의 장어집에서 맛나게 저녁을 먹었다. 친구 부자와 한표 부자가 만나 각1병 이상 소주잔을 기울이며 즐거운 시간을 보냈다.

일을 즐길 줄 아는 사람이 삶도 즐긴다고 하였다. 견문을 넓히고, 아이디어를 축적하고 교양을 쌓는 것 자체가 일을 잘 할 수 있는 필요조건이기 때문이다.

## ❁ 해운대 지역난방(고흐의 길)

해운대 지역난방공사는 1996년 해운대 신도시가 건설되면서 아파트 단지의 온수 등 지역의 열에너지를 공급하기 위해 설립된 곳이다. 저렴한 지역난방 요금으로 갈채를 받아왔기 때문에 혐오

시설이라기 보다는 주민을 위해 꼭 필요한 시설로 보고 있다.

그러나 온수관의 누수 등으로 몇 차례 온수의 공급이 중단되는 경우가 발생하면서 주민들의 불만이 쏟아졌다. 아이를 키우는 부모의 입장에서 몇 시간씩 온수가 나오지 않으면 샤워가 불가능하며 동절기에 추위를 견뎌야 하기 때문에 힘들 수 있다는 생각이 든다.

신도시로부터 조금 외곽지역으로 배치를 했기에 그 시설이 어디에 있는지 모르는 경우가 많으나 송정으로 가는 터널 오른쪽에 위치하여 와우산을 오르고자 하는 경우에는 지역난방공사 사이로 난 길을 따라 걸어야 하며 그 길을 고흐의 길로 명명하고 있다.

지역 주민은 시가 필요에 따라 혐오시설인 소각장을 설치했던 만큼 폐쇄하는 바람에 발생한 열 부족량은 시가 책임져야 한다고 반발했다. 해운대 그린시티 아파트연합회 김희용 전 부회장은 "시가 소각장 설치는 물론 폐쇄도 주민 의사와 달리 일방적으로 결정한 것 아닌가"라며 "당시 시의 고위급 간부들이 이를 고려해 '요금을 인상하지 않겠다' '주민 동의 없이는 절대 요금을 올리지 않겠다'고 공식 대면 자리에서 말했지만, 결국 말을 바꿨다"고 말했다.

이들은 "이후 수소연료전지 발전소가 설치될 때도 속았다"고 주장한다. 시가 발전소를 폐쇄된 소각장의 대체 열원이라고 강조했던 만큼 당연히 발전소 열을 무상 공급하는 것으로 알았기 때문이다. 또 시가 발전소와 남은 소각로로 총 80%의 열을 공급해 난방비 절감이 가능하다고 했지만, 해당 비율이 지켜지지 않고 있다고 지적한다. 업체가 발전소 설치 당시 주민에게 배포한 자료에는 향후 열 구성비가 수소연료전지 65%, 소각장 15%로 적혔다. 그러나 2020년 기준으로 수소연료전지와 소각로의 열 공급 비율은 각각 37%, 19% 수준에 그쳤다.

## 해운대 백병원

해운대의 대표적 의료기관인 해운대백병원은 2010년부터 외래진료를 시작하였다. 신도시가 형성되면서 종합병원의 필요성으로 오랫동안 방치되었던 병원부지가 착공을 하고 주변의 건물들도 하나둘씩 들어서며 병원 출입구의 약국은 성업을 이루고 있다.

개금 백병원과 협진을 하며 유명의료진이 해운대백병원으로 옮겨왔다는 소문에 더욱 많은 환자들이 해운대백병원을 찾는 것 같다. 해운대구민은 물론이고 울산 밀양 등 외지에서도 진료예약을 많이 한다고 한다.

초창기에는 지하주차장의 주차공간이 넓어 주차가 가능했는데 요즘은 주차장이 만원일 때가 많아 이용에 불편을 겪는 경우가 많다.

얼마 전 MRI 촬영을 위해 예약을 하고 병원에 내원을 하였는데 지하주차장 B2에서 B4까지 혼잡과 만차로 불편을 겪는 경험을 하였다. 2년 마다 건강검진을 위해 내원을 하고 그 결과를 보며 아직은 건강하다고 생각하여 병원과는 멀리하고 싶은데 나이가 들면 병원과 평생교육원이 가까이 있으면 좋은 그런 나이가 되었다.

## ❂ 해운대문화회관

해운대구 좌동에 위치한 해운대문화회관은 2006년9월에 준공되어 해운대구민의 문화예술진흥과 문화적 소양을 함양함으로서 행복과 삶의 질을 높이는 문화예술 전당이다.

458석 규모의 해운홀과 130석 규모의 고운홀 등 지하1층 지상4층의 연건평 1,974평으로 해운대구민의 문화적 갈증을 해소하기에 충분한 공간으로 언제든지 이용가능 하도록 개방되어 있다.

해운대구청 문화회관 시설소개에 따르면,

해운대문화회관의 핵심공간이 되는 대공연장은 2011년 5월 1일부터 「해운홀」 이라는 별칭을 갖게 되었으며, 좌석규모는 458석으로 음악, 연 극, 뮤지컬 등 수준 높은 예술 공연장으로 활용되고 있다.

공연무대의 일차적 조건인 음향효과는 특히 음악 연주무대에서 뛰어난 효과를 발휘하는데 최상의 공연이 될 수 있도록 최신 음향설비와 조명 설비, 무대기계 설비와 지원공간으로 분장실, 대기실 무대연습실 까지 두루 갖추고 있다.

다목적홀의 새로운 이름 「고운홀」은 소규모의 공연 및 학원, 유치원생 발표회, 문화강좌 등을 할 수 있도록 꾸며진 공간이다.

「고운홀」은 시민들에게 개방된 공간을 제공하기 위하여 다양한 공연을 소화할 수 있는 음향시설과 조명시설, 빔프로젝트 시설을 갖추고 있으며 객석은 통로를 넓게 하여 관객들이 편안함과 안락함을 제공하도록 설계되었다.

제 1 전시실은

전시의 규모와 성격에 따라서 전시 공간을 자유자재로 연출할 수 있도록 설계되었으며, 각종 회화 ,조각, 의상디자인, 상설전시 및 자체적인 기획전시를 할 수 있도록 꾸며졌습니다.

야외광장 또는 지하 주차장에서 바로 전시실로 들어올 수 있어 동선이 편리하고 별도의 소도구를 보관할 수 있는 공간이 마련되어 있습니다.

제 2 전시실은

아담하게 꾸며져 전문 예술인들의 개인 기획전, 공예전 등으로 사용이 가능합니다.

사무실로 혹은 소도구를 보관할 수 있는 준비실이 마련되어 있으며 전시실 앞쪽으로 넓은 로비공간이 연결되어 있어 휴게실로 사용이 가능합니다.

## ◎ 대천공원

신도시 주민들이 가장 많이 이용하는 문화적 친수공간이다.

해운대 신도시가 형성되면서 장산 계곡에서 내려오는 물들을 모아 호수를 만들고 공원을 조성하였다.

장산 초입에 위치하며 호수가 있는 광장을 조성하여 만남의 장소와 각종 행사를 하기에 좋은 문화공원이다.

따스한 봄날의 체육행사와 장산의 단풍이 붉게 물든 가을날의 주민음악회 등 많은 문화적 행사들이 주민들의 삶을 풍요롭게 하며 살기 좋은 그린시티의 자랑이다.

접근성이 좋아서 청소년들이 보드를 타거나 줄넘기를 하며 떠들고 노는 모습이 대천공원의 매력으로 다가온다.

송정옛길은 해운대와 송정을 연결하는 약 1㎞의 고갯길로 한적한 시골길을 걷는 느낌이다. 해운대에서 넘어가는 송정옛길 입구 부산환경공단 옆 초입의 메타세콰이어 숲길은 '고흐의 길'로 알려져 있으며 빈센트 반고흐의 작품 '알리스캉의 가로수길'과 비슷하다고 하여 붙여진 이름이다.

# 제12장 구남로와 해리단길

부산광역시
# 해운대구
Haeundae-gu

## 구남로와 해운대 빛 축제

해운대의 대변혁이 일어난 곳이 구남로이다.

예전에 구 해운대역에서 해운대 바닷가로 가는 길목은 좁고 여러 갈래로 나 있었다. 그런데 지금은 구남로를 확장하여 광장으로 조성하면서 많은 행사와 축제를 열면서 유명해졌으며 주변 상권도 활성화되어 그야말로 최고의 광장으로 변모했다.

구남로 광장에 고운바다길 분수가 설치되어 오가는 사람들의 눈과 귀를 즐겁게 할 뿐만 아니라 직접 체험할 수도 있어서 좋다. 통상적으로 4월부터 10월까지 운영되며 마냥 즐거워하는 어린이들의 모습에서 동심의 세계로 여행하는 기분이 든다.

11월에는 2030엑스포 부산개최를 홍보하는 빛 축제가 성황을 이루었으나 2030엑스포가 무산되고, 지난 연말부터 다시 한번 희망으로 빛 축제를 열면서 많은 여행객이 포토라인에 사진을 찍으며 즐거운 추억을 만들어 가고 있어 흐뭇하다.

해운대 빛 축제는 구남로뿐만 아니라 해운대해수욕장 바닷가에도 빛 축제 부스를 설치하여 형형색색 아름다운 광경을 선사하고 있다.

빛은 희망이다.

## (구)해운대 역

1934년 동해남부선 부전역~울산역이 개통되면서 설치되었다. 오랜 역사와 해운대구민의 사랑을 받아온 역이다.

한 때는 해운대에서 서울역까지 운행되기도 하였고 지하철 해운대역과 해운대 바닷가로 연결되는 구남로와 인접하여 교통의 요충지로서 그 역할을 충분히 하였다.

2013년 신해운대역으로 역사가 옮겨가고 지금은 구남로에서 해운대역을 지나 해리단길로 이어지는 초입에 위치하여 그 역사성을 증명할 뿐 직접 탐방하는 사람은 많지 않은 것 같다.

해운대역 앞 작은 광장과 느티나무만이 쓸쓸하게 탐방객을 맞이하며 지난날의 추억을 회상한다.

해리단길 표지판과 너지분하게 걸려있는 현수막이 정돈되지 않은 도시의 미관을 보는 것 같아 씁쓸하다.

## 해운대시장(봉자집)

해운대시장은 전통시장으로 여행객들이 즐겨 찾는 곳이다.

어디든지 사람냄새가 나고 먹거리가 있고 눈요기를 쉽게 할 수 있어서 전통시장이 참 좋다. 해운대시장은 구남로에 위치하며 해운대해수욕장과 인접해 있어서 더 많은 여행객들이 찾아오는 것 같다.

해운대에 살면서 가장 쉽게 많이 가는 곳이 해운대시장이며, 장어집, 국밥집, 국수집, 떡볶이집, 파전에 막걸리 집, 떡집 등 먹거리가 즐비하다. 그 중에서도 파전에 막걸리가 맛있는 봉자집이 이름부터 정감이 가는 집이라 가끔씩 들리기도 한다. 에니가 잘 아는 집이기도 하고 편안하게 부담 없이 맛있게 즐길 수 있어서 참 좋다.

부산은행 해운대지점장으로 근무했던 친구와 몇몇 친구들이 함께 어울려 봉자집에서 얼큰하게 취했던 기억이 늘 봉자집을 찾게 하지만 지금은 많은 여행객들에게 유명 맛 집으로 소문이 나서 자리를 한참 기다려야 하기에 단골집이 불편한 단골집이 되었다.

해운대시장에는 싸게 맛있게 간단하게 요기할 수 있는 많은 맛집들이 있지만 하나하나 소개를 못하는 점 양해를 바라며, 아무튼 해운대해수욕장에 오기만 하면 꼭 전통시장인 해운대시장에서 사람 사는 냄새와 향수를 느꼈으면 좋겠다.

## 동해남부선 철길

수비삼거리 철로에서 블루라인파크까지 약 4킬로 구간을 산책길로 조성하였다. 철로는 사라지고 체육시설을 하기도 하고 앉아서 쉬는 공간을 꾸미기도 해서 조용히 사색하기 좋은 산책구간이다.

운촌에서 부산기계공고 뒤쪽으로 장산에 오르는 길목이 있으며, 구 해운대역 뒤쪽의 해리단길을 끼고있어 사시사철 조용하고 아름다운 풍광과 마주할 수 있어서 좋다.

산책로 주변에는 남향의 자이 롯데 반도보라 등 신흥 아파트 단지가 들어서면서 산책을 즐기는 사람들이 늘어났다.

철로를 걷어내고 철도 부지를 어떻게 활용할까 공청회를 하기도 해서 얻어진 결과가 운동기구와 산책로 조성이다. 주변의 많은 사람들이 건강에 관심을 가지고 활용하기에 참 좋은 아이디어였다고 생각한다.

블루라인파크와 청사포 송정까지의 산책로도 아주 잘 꾸며놓았는데 지금은 안전을 고려하여 공사 중에 있으며, 공사가 완공이 되면 더욱 긴 구간을 여행객들과 함께 즐길 수 있는 공간이 될 것 같다.

특히 다릿돌전망대에서는 동해의 망망대해를 조망할 수 있어서 많은 관광객들에게 인기 있는 곳이 될 것이 자명하다.

망망대해 바다를 바라보노라면 하얀 파도와 푸른 물결 은은한 바다내음에 취해 모두가 한가족 한식구가 된 듯한 느낌이 좋다.

## ❁ 해리단길

옛날 해운대역에서 철길 건너 200미터 남짓 거리를 걷노라면 젊은 커플들이 손에 손잡고 줄지어 있다.

맛있는 음식점들과 카페들이 즐비하여 신세계를 이루고 있어 한 번쯤 흉내를 내고 젊은 시절로 돌아가고 싶은 충동을 느낀다.

맛집 앞에 서서 기다리는 문화는 MZ세대들의 장점이다. 우리 같으면 기다리다 지쳐서 어디 다른 곳을 으슬렁 거리거나 찾아나 설텐데 그들은 한결 같이 줄을 서서 기다릴 줄 안다.

새로운 건물들도 아니고 그냥 옛 주택지를 고쳐서 상가 건물로 단장을 하고 좁은 골목길에도 인파들로 가득하다.

해운대를 상징하는 새로운 길로 그 이름이 유명하게 된 동기는 알 수 없으나 그리 오래되지는 않았다. 아마 해운대 신역사가 옮겨가고 구역사와 철길을 가로질러 왕래할 수 있는 길이 만들어지면서 생기지 않았나 하고 추측해 본다.

구남로를 지나 구 해운대역 앞 광장에 해리단길을 잘 안내하고 있어서 첫길에도 금새 찾을 수 있다.

동해남부선 산책로를 따라 산책을 즐기다가 마음먹고 해리단길을 들어갔다. 반짝거리는 불빛과 크게 해리단길 마스코트가 여행객들을 반기고 있다. 사진을 찍기도 하고 맛집 앞에서 기다리는 청춘들을 보며 왜 해리단길을 좋아하게 되는지 알 것만 같다.

### 풍만김밥

해리단길 다음 버스 정류장에 위치하여 그렇게 많은 사람이 왕래하는 편이 아니다. 그러나 정성 들여 만든 김밥과 고속도로 휴게소에서 맛볼 수 있는 우동과 함께 한 끼 식사로는 충분하다.

원래 대우마리나아파트 2차 상가에 있었는데 상가 임대차 관계가 원만하게 해결되지 않아서 해리단길 버스정류장의 상가로 옮겨갔다. 가끔 장산에 오를 때에 편리하게 김밥집을 이용하였는데 해리단길로 옮겨 가는 바람에 불가피하게 다른 김밥집을 이용하고 있다.

그런데 풍만김밥집의 맛을 잊을 수가 없어 주말이면 즐겁게 풍만김밥집에 들려 김밥과 우동을 시켜 먹는다. 젊은 부부와 인정 많은 할머니가 함께 김밥집을 운영하며 이윤보다도 맛으로 많은 사람들에게 사랑을 베풀고 있어 더욱 정이 가는 집이다.

### FORTANA

FORTANA는 피자전문집이다.

해리단길 공영주차장 앞 커다란 간판과 맛으로 승부를 걸어도 손색이 없는 유명 맛 집이다.

청춘남녀들이 맛집 여행을 하며 이재모피자 보다도 맛있는데 하는 사람들도 있다. 동해남부선 옛날 해운대역 주변 공영주차장 길가에 위치하며 간판이 크게 걸려있어 한 번에 알아볼 수 있는 집이다.

맛이란 각자의 취향이다. 과학적으로 증명할 수 있는 어떤 규칙이 있는 것은 아니기 때문에 새로운 영역을 탐사하는 경이감이나 희망을 세분화하려는 노력의 결과이자 패러다임의 전환이라고 말하고 싶다.

1989년 MBC 강변가요제에서 박선주가 노래하여 은상을 수상한 '귀로'의 작사/작곡가 예민의 노래 '꽃이 바람에게 전하는 말'을 옮겨본다. 이후 박강수가 노래하여 대중에게 더욱많은 사랑을 받았다.

*꽃이 바람에게' 전하는 말(작사/작곡 예민, 노래 박강수)*

*아서 아서*
*꽃이 떨어지면 슬퍼져*
*그냥 이 길을 지나가*
*진한바람 나는 두려워 떨고있어*
*이렇게 부탁할께*

아서 아서
꽃이 떨어지면 외로워
그냥 이 길을 지나가
빗줄기는 너무 차가워 서러움이
그렇게 지나가줘

검은 비구름 어둠에 밀리면
나는 달빛을 사랑하지
이런 나의 마음을 헤아려주오
맑은 하늘과 밝은 태양아래
나를 숨쉬게 하여주오
시간이 가기전에

꽃은지고 시간은 저 만큼가네
작은 꽃씨를 남기고
길을 따라 시간을 맞이하고 싶어
바람을 기다리네

제 10회
해운대 빛 축제
'희망, 빛으로 다시 한 번'

PORTANA

# 제13장 해운대 장산

부산광역시

# 해운대구

Haeundae-gu

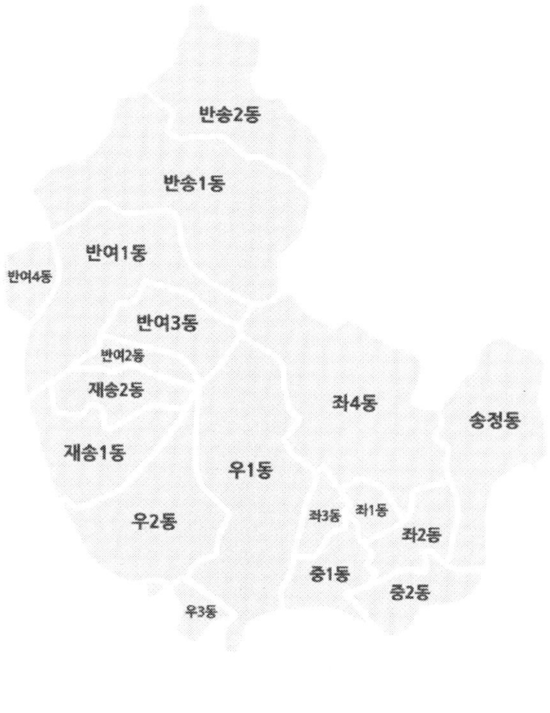

반송2동
반송1동
반여1동
반여4동
반여3동
반여2동
재송2동
좌4동
송정동
재송1동
우1동
좌3동
좌1동
우2동
좌2동
중1동
중2동
우3동

## 체육공원

해운대 신도시가 들어서면서 가장 많은 사람이 가장 많이 이용하는 곳이 체육공원이다.

아침 점심 저녁때를 가리지 않고 신도시의 많은 사람이 찾아 휴식을 취하거나 운동을 하거나 차를 마시거나 얘기를 나누거나 인파들로 북적거린다.

체육공원에는 철봉, 역기, 봉 등 여러 가지 체육시설이 설치되어 있어 누구나 편리하게 이용가능하다. 정상을 향해 등산을 하거나 정상에서 하산을 할 때에도 잠간 쉬었다가 가기 좋은 곳이다.

신도시에서 걸어서 30분, 왕복 1시간 정도의 거리로 따로 운동을 하지 않아도 주변의 나무와 풀들의 움직임과 맑은 계곡물이 사시사철 반기는 곳이기에 걷기만 하여도 힐링이 된다.

## 양운폭포

장산 정상으로 오르며 체육공원에 가기 전에 만날 수 있는 폭포이다.

장산계곡과 구곡계곡의 물줄기가 합쳐 폭포를 이루고 있으며, 높이가 9m 폭포아래 둘레가 15m 위험지역으로 통제되고 있어 눈으로만 감상할 수 있다. '마치 물이 바위에 부딪혀 휘날린 듯 물보라가 구름처럼 피어나는 것 같다.'고 하여 "양운폭포"라 하며 장산폭포라고도 한다.

폭포아래 소가 가마솥처럼 생겼다 하여 "가마소"라고도 하며 하늘에서 선녀들이 내려와 놀던 곳 이라는 전설이 전해져 오는 유명한 곳이다.

양운폭포는 오래전 해운대 8경의 하나로 명성이 높았으나 근래에는 더 좋은 곳이 많아 점차 그 빛을 잃어가고 있는 상황이 안타까운 심정이다.

장산을 오르내리며 한번쯤 몸을 담구고 싶은 충동이 일기도 하지만 해운대구청에서 수심(3m)이 깊어 위험하여 수영을 금지한다는 표지판을 설치해 놓은 터라 먼발치에서 구경만 하는 것이 조금 아쉽다.

## 간비오산 봉수대

부산기계공업고등학교 옆으로 난 산길을 따라 10분 정도이면 간비오산 봉수대에 오를 수 있다.

황령산 봉수대와 함께 부산에서 가장 오래된 봉수대로 700여년간 해운대 일대 왜적의 침입을 감시한 곳이다.

요즘처럼 스마트폰이 있던 시절도 아니고 통신수단이 발달하기 전 낮에는 연기로, 밤에는 횃불로 서울까지 알리는 군사적 통신수단이었다고 한다.

해운대구청에 따르면 현재의 봉수대는 1976년 10월 1일 새로이 축조된 것으로 화강석 지름 11m, 높이 1.2m의 규모로 원형 축대를 쌓고 중간에 계단을 설치하였으며 상단에 오르면 중앙에 지름이 2m, 높이 60cm인 연조 1구가 설치되어 있다. 고 안내하고 있다.

실제로 간비오산 봉수대에 오르면 해운대와 광안리 앞바다의 광안대교를 가까이서 볼 수가 있으며, 봉수대 주변에 까마귀들이 많다고 하여 간비오산 봉수대라고 이름 지었다고 한다.

운촌에서 장산에 오르기 위해 간비오산 봉수대를 거쳐 오르기도 하고, 봉수대를 오르지 않고 롯데아파트 쪽으로 비켜서 오르면 간비오산 봉수대를 모르고 그냥 장산으로 올라갈 수 있다.

어느 한적한 주말에 배낭을 메고 장산에 오른다. 간비오산 봉수대에서 해운대를 조망하며 물을 마시고 조금 쉬었다가 출발하는데 예전 공장의 팀장을 만나 한참을 얘기하다가 헤어졌다. 그동안의 안부를 물으며 세월의 흐름은 어찌할 수 없으나 변함없는 우정에 감사를 하였다.

## ❂ 안부(너른마당)

운촌에서 걸어서 50분 정도 산행을 하다보면 중봉이나 옥녀봉을 오르기 전 넓은 마당을 너른마당 이라고 부른다.

너른마당에는 철봉, 럭기 등 체육시설이 되어있어 등산객들이 오다가다 산행도중에 이것저것 만져보기도 하고 잠간 쉬어가기도 한다.

30분 정도만 운동을 하고 있어도 동네의 이야기 마당이 되어 거기서 만나는 사람끼리 마음을 터놓고 얘기를 나누며 서로의 정을 느낄 수 있어서 참 좋은 마당이다.

이르듯이 너른마당은 운촌에서 올라오는 사람과 신도시에서 올라오는 사람들이 만나는 만남의 장소와 같은 곳이다.

맨발걷기가 좋아서 시간만 나면 맨발로 해운대해수욕장을 걸으며 건강을 지킨다는 친구의 부인을 너른마당 입구에서 만났다. 한표는 하산 길이었는데 늦은 시간에 정상으로 오르고 있었다. 맨발도 좋고 등산도 좋아서 땀을 흘리며 산을 오르는 모습을 보고 참 훌륭하다고 생각했다.

## ❂ 옥녀봉과 중봉

옥녀봉에 오르는 길은 해운대 신도시에서 오르는 길과 운촌에서 오르는 길이 있다. 한표는 주로 운촌에서 산행을 시작하여 간비오산 봉수대를 거쳐 옥녀봉으로 오른다. 젊은 시절에는 50분도 걸리지 않았으나 지금은 1시간가량 걸려서 오른다.

해발 383m로 옥녀봉에 오르면 해운대신도시와 해운대해수욕장, 마린시티 광안대교 등 뷰를 감상하며 배낭 속의 밀감과 물을 꺼내어 땀을 식히는 기분은 지상낙원이라 표현해도 지나치지 않다.

아무리 더운 여름에도 산행 내내 소나무와 갈참나무 등이 숲을 이루고 있어서 그늘진 길을 걸을 수 있으며 요즘 유행하는 맨발걷기를 해도 무리하지 않게 가능해서 좋다.

옥녀봉에서 충분한 휴식을 취하고 너른마당을 거쳐 중봉에 오르면 바위에 솟은 소나무 한 그루와 너덜겅과 장산의 능선들이 하늘과 맞닿아서 한 폭의 그림을 감상하는 느낌이다.

빠르게 장산의 정상을 오르고자 한다면 중봉에 오르지 않고 중봉 옆으로 난 길을 따라서 걸을 수도 있다.

아무튼 장산을 오르고자 한다면 옥녀봉과 중봉을 거쳐 오르는 것이 정상적인 코스이며 가장 길게 오를 수 있는 코스이다.

## ◎ 장산 정상

장산은 해발 634m로 부산의 금정산 고담봉과 황령산 다음으로 우뚝 솟은 명산이다.

부산 해운대에 위치하여 접근성이 뛰어나며 바다와 산을 함께 조망할 수 있어서 많은 사람들이 찾는 곳이다.

가장 많이 찾는 코스로 대천공원~폭포사~체육광장~억새밭~정상에서 전망대~마고당 너덜겅~체육광장~대천공원으로 원점회귀하는 코스이다. 또한 원점회귀가 싫다면 대천공원~폭포사~체육광장~억새밭~정상에서 성불사 쪽으로 하산하면 지하철 벡스코역이나 센텀역을 이용하기에 편하다.

가장 빨리 정상에 오르고자 한다면 재송동의 센텀동국아파트에서 시작하여 반여너덜체육공원을 거쳐 1시간 정도이면 정상에 오를 수 있다. 안내 표지가 많지 않아서 초행길은 주의를 기울여야 한다.

이외에도 장산으로 오르는 코스는 다양하지만 한표는 주로 운촌에서 시작하여 간비오산~옥녀봉~안부(너른마당)~중봉~전망대~정상에서 원점회귀하거나 시간 여유가 있으면 정상에서 억새밭~체육광장~대천공원으로 또는 정상에서 억새밭~안부(너른마당)~롯데아파트 윗길~운촌으로 내려온다.

오전 11시쯤 집에서 출발하여 가는 길에 점심으로 김밥을 사서 배낭에 늦고 천천히 걷다보면 정상에 도착한다. 정상석 아래를 돌아 북쪽으로 난 바위에 앉아 회동수원지나 풍산금속을 바라보며 김밥을 먹고 조금 쉬었다가 하산을 한다. 하산은 시간에 따라 원점회귀를 하기도 하고 반송 쪽으로 난 길을 따라 억새밭으로 해서 대천공원 쪽으로 내려오기도 한다.

맨발로 걷기가 유행하기 전 장산에 움막을 지어 사는 어느 젊은 도인은 가산을 탕진하고 속세를 떠난 사람이다. 하루 종일 맨발로 장산을 걸으며 도를 닦는 분으로 그 분의 움막에서 보람된 삶에 대한 철학을 얘기하다가 밤 10시가 넘어서 내려온 적이 있다. 안전관리를 위해 산속의 모든 가건물을 철거하는 정책으로 그 움막도 흔적 없이 사라져 버렸다. 그야말로 무소유의 삶을 실천하고 계신 분이었는데 지금은 어디서 어떻게 살아가는지 궁금하다.

장산의 습지에서도 반딧불이가 출현하여 성장기의 아이들에게 훌륭한 체험환경을 제공하고있어 한 번쯤 참여를 권하고 싶다. 반딧불이는 보통 더위가 시작되는 6월 약 20일간의 생존기간 동안 생태환경이 잘 보전되어있는 1급수에서만 볼 수 있다. 부산에서는 기장과 이기대 태종대에서 반딧불이 행사를 하며 자라는 아이들에게 자연의 소중함을 깨닫는 기회를 제공한다.

# 제14장 해운대 재반로

# 부산광역시
# **해운대구**
Haeundae-gu

## 반여농산물시장

해운대 재송동 강변도로는 낭만이 흐르는 곳이다.

수영강 하구에서 상류 쪽으로 강변을 따라난 길은 걷기에도 좋고 넓은 도로변에는 차들로 가득하다.

도시가 팽창하면서 2000년 12월에 해운대구 재송동 반송입구에 반여농산물도매시장을 개장하였다. 온갖 과일과 채소류 양파, 마늘 등 각 지역의 농산물과 특산물이 도매로 거래되면서 시장이 활기를 띠었다.

부전시장의 대상들도 몇몇 옮겨오면서 거래가 활성화 되고 동래구와 해운대구 사람들이 자주 이용하는 시장으로 소문이 나고 단골 고객이 확보되어 더욱더 도매시장으로서의 역할을 다하는 것 같다.

우리나라 사람들은 정이 많은 사람이다. 조금만 다정하게 고객을 대하거나 아는 채를 하면 쉽게 마음을 내어주는 것 같다. 그래서 단골집이 생기고 믿음이 생겨 자주 왕래를 하는 것 같다.

한표는 자주는 아니지만 1년에 한 두번은 에니를 따라 짐꾼으로 농산물 시장을 갔었다. 에니는 양파는 **집, 마늘은 **집 등 단골집을 정해놓고 꼭 단골집에서 구매를 해야 마음이 편한 것 같다.

광활한 시장을 구경하며 파는 사람이나 사는 사람이나 수많은 사람들의 즐거운 표정들이 살아있는 삶의 모습이라서 덩달아 즐거운 시장에 자주 오고 싶은 느낌을 가졌다.

## ◎ 재송동 스타벅스

우리나라 사람의 커피사랑은 유별난 것 같다.

나무위키에 실린 커피의 시작을 살펴보면 다음과 같다.

커피가 확실하게 어디에서 유래되었는지에 대해서는 기록이 없다. 그러나 커피나무는 동아프리카의 에티오피아의 카파 주에서 발견되었고 서기 850년쯤에 시작된 것으로 증명되었으나, 어떤 사람들은 중동의 예멘에서 서기 575년경에 시작되었다고 주장한다. 에티오피아의 산 속에 있던 유목민족들이 커피 음료 대신 커피 열매를 통째로 먹었을 거라고 하며, 에티오피아의 갈라족(오늘날 오로모 족)은 이 커피나무 열매와 동물 비계를 섞어 먹었는데 커피를 이런 방식으로 섭취하는 문화는 에티오피아에서 시작되었던 것이 확실하다고 볼 수 있다. 에티오피아에서 처음 커피를 발견했을 때 '번' (ቡና)이라고 불렀으며, 커피 열매를 다양하게 섭취하기 위해 퀴시르(قشر)라는 달콤한 커피 와인이나 돼지비계와 커피를 섞은 간식처럼 커피를 이용한 요리를 많이 만들었다. 고 기록되어 있다.

우리나라 커피의 역사를 보면 1896년 고종황제 때에 서양의 문화가 들어오면서 알려졌다고 하니 반만년의 역사에 비하면 짧은 역사이지만 정신건강에 좋은 커피의 효능으로 커피 애호가가 많은 것 같다.

특히, 부산은 항구 도시로 서양의 문화를 제일먼저 접하는 곳이며 커피 무역이 활성화 되면서 부산지역을 본사로 둔 커피 체인점이 전국적으로 확산되고 있다.

그런데 외국에 본사를 둔 스타벅스는 서울을 중심으로 번화가뿐만 아니라 전국적으로 유명세를 타고 있는 브랜드로 부산역 인근 3곳, 해운대 지역 여러 곳 등 스타벅스 왕국을 이루고 있는 것 같아서 씁쓸하다.

해운대구 재송동 스타벅스는 수영강 강변도로변에 위치하여 강변도로를 달리는 오너들을 상대로 미리 주문을 받아 테이크아웃으로 운영하여 주말이면 길게 늘어선 자동차 행렬에 도로가 점령당하는 것 같다.

한표도 가끔은 스타벅스의 매력에 빠지기도 하지만 약간은 고급스러운 스타벅스의 판매 전략이 선량한 사람들의 마음을 빼앗아 애국심마저 흔들리게 하는 것 같아서 망설여질 때가 많다.

## 석대 꽃시장

봄이면 아파트 베란다에 핀 아름다운 꽃들로 마음이 흐뭇해진다.

꽃을 보면 자연스럽게 입이 배시시 열리며 웃음꽃을 피우게 하고 괜스레 기분이 좋아진다.

해운대구 재송동에 있는 석대 꽃시장은 꽃향기와 사람의 향기로 마음의 문을 열게 하는 마력을 가진 곳이다.

남녀 간에 사랑으로 10달간 엄마의 뱃속에서 인고의 세월을 기다리며 태어난 자식을 키우기 위해 온갖 정성을 들여 훈육하고 세상에 나오는 것처럼 따스한 태양과 물, 온도, 환경, 정성을 들여야 예쁜 꽃을 피울 수가 있다.

그래서 꽃이 좋다. 한표가 좋아하는 김춘수(1922~2004) 시인의 "꽃"을 소개한다.

꽃

내가 그의 이름을 불러주기 전에는
그는 다만 하나의 몸짓에 지나지 않았다.
내가 그의 이름을 불러주었을 때
그는 나에게로 와 꽃이 되었다.
내가 그의 이름을 불러준 것처럼
나의 이 빛깔과 향기에 알맞은 누가
나의 이름을 불러다오
그에게로 가서 나는
그의 꽃이 되고 싶다
우리들은 모두 무엇이 되고 싶다
나는 너에게 너는 나에게
잊혀 지지 않는 하나의
의미가 되고 싶다

## 석대 추어탕

추어탕 하면 한국인이 좋아하는 음식이다.

냇가에 사는 자연산 미꾸라지에 배추 시래기와 양념을 버물어 만든 한국 토종음식이다.

동의보감에 따르면 미꾸라지는 따뜻한 성질을 가지고 있어 속을 따뜻하게 북돋아 묽은 변을 멎게 하며 추어라고 설명하고 있다.

나무위키에 실린 추어탕의 어원을 살펴보면 다음과 같다.

추어탕은 미꾸라지를 뜻하는 한자 '鰍'자에 秋(가을 추)자가 들어 간 것과 연관지어 설명하기도 하고, '추어탕은 벼농사가 끝나고 물을 빼는 과정에서 잡히는 미꾸라지를 끓여 먹었던 것에서 유래한 것'이라는 속설도 있다. 그러나 이는 형성자를 회의자로 부회한 설명에 불과하다.

가을에 맛있는 생선은 미꾸라지뿐만이 아니다. 집 나간 며느리도 돌아오게 한다는 가을 전어만 봐도 그렇다. 겨울을 나기 위해 영양분을 축적하는 시기라서 많은 동물이 해당된다. 秋 대신에 발음이 같은 酋(추)로 바꾸어 鰌로 써도 되는데 회의자였다면 불가능할 일이다. 여기서 秋는 발음 요소일 뿐이다.

즉, 추어탕이라는 단어는 '미꾸라지 탕'이라는 공통점뿐이고, 정확한 어원은 아무도 모른다. 고 설명되어 있다.

추어탕은 요리방법에 따라 중부지방과 남부지방으로 구분되어 설명할 수 있으나 남부지방에서도 전라도의 남원추어탕과 경상도의 추어탕이 요리방법이 조금씩 다르다.

한표는 어릴 때부터 즐겨 먹어왔던 음식이라서 산초나 방아에 대한 거부감이 없으나 외국인과 타 지역의 사람들이 처음 추어탕을 먹을 경우 산초와 방아, 마늘 등 기호에 따라서 취향에 맞게 먹을 필요가 있다.

석대 추어탕은 역사가 오래되었다. 진흙에서 사는 미꾸라지를 진흙냄새가 없이 요리를 하여 이마에 땀을 흘리며 맛있게 먹었던 기억이 있으며 오래도록 부산시민의 사랑을 받았던 부산의 맛 집이다. 오늘따라 엄마가 끓여 주었던 추어탕이 그립다.

## ◎ 재송 아구수육 탕

나무위키에 실린 아귀를 소개하면 다음과 같다.

아귀목 아귓과에 속하는 어류로 화석상의 기록으로는 이탈리아 몬테 볼카(Monte Bolca)의 에오세(Eocene)에 지층에서 발견된 것이 최초이다.

종에 따라 몸의 길이는 천차만별이라 성체 수컷의 길이가 0.02mm에 불과한 심해 아귀부터 최대길이가 4m에 달하는 대형종까지 있다. 일반적으로 넓적하며, 등은 회갈색, 배는 흰색이다. 머리 폭이 넓고 입이 크다. 비늘이 없이 피질 돌기로 덮였고 등의 앞쪽에 촉수 모양의 가시가 있어 작은 물고기를 꾀어 잡아먹는다. 특유의 입이 크고 흉측한 생김새 때문에 아귀(餓鬼)에서 따온 이름이 붙게 되었다. 대한민국, 일본, 대만, 중국, 필리핀, 멕시코 등지의 태평양 연해에 분포한다. 경상도 방언으로는 아구이고 요리 아구찜으로 인해 아구라는 명칭이 전국적으로도 혼용해 쓰이는데 아구는 표준어는 아니다. 라고 설명하고 있다.

이러한 아구수육을 맛있게 먹을 수 있는 곳이 재송동 포항 아구수육집으로 몇 번 저녁식사로 먹었다. 뉴센텀로타리클럽의 이춘우 회장이 재송동에 거주하고 있어서 추천하는 맛 집인데 예전 맛 집에서 느꼈던 맛을 느낄 수가 있어서 좋았다.

원래 아구찜의 원조는 마산 오동동의 아구찜 거리에서 먹는 맛이 일품인데 해운대에서도 마산아구찜이 유명하여 줄을 서서 먹을 정도였다. 아귀는 고기 본래의 맛보다도 콩나물 등 양념 맛으로 입맛을 돋우기 때문에 지금은 더 많은 종류의 맛 집이 생겨 예전만큼의 명성은 기대할 수가 없는 것 같다.

## ◎ 하늘바라기

해운대구 재송동에 위치한 부산지방검찰청 동부지청과 부산지방법원 동부지원이 장산 중턱에 있다.

재송동에서 가장 큰 관공서이며 제일 높은 곳에 위치하여 아래로 보면 배산 아래로 수영강물이 흘러 장관을 이룬다.

여기에 하늘을 바라보며 꿈을 키우던 소녀가 "하늘바라기"라는 명곡을 탄생 시켰다.

평소에 좋아하던 어느 방송국 프로에서 설날 특집으로 인기곡 1,000곡을 선정하여 203위로 링크된 "하늘바라기" 노래를 들려주었다.

"하늘바라기"는 2016년 정은지가 작사 작곡 노래하였다. 해운대 신재초등학교 출신으로 가수로서 '꼬마야 약해 지지마.'의 가사처럼 희망의 메시지를 전달해주어 가슴 찐한 감동으로 남아있다.

*하늘바라기*

*꽃잎이 내 맘을 흔들고*
*꽃잎이 내 눈을 적시고*

아름다운 기억
푸른 하는만
바라본다

꼬마야 약해 지지마
슬픔을 혼자 안고 살지는 마
아빠야 어디를 가야
당신의 마음처럼 살 수 있을까

가장 큰 별이 보이는 우리 동네
따뜻한 햇살 꽃이 피는 봄에
그댈 위로해요 그댈 사랑해요
그대만의 노래로

뚜루뚜두두 두두두
뚜루뚜두두 두두두
뚜루뚜두두 두두두
하늘바라기 하늘만 멍하니

가장 큰 하늘이 있잖아
그대가 내 하늘이잖아
후회 없는 삶들
가난했던 추억
난 행복했다

*아빠야 약해 지지마*
*빗속을 걸어도 난 감사하니깐*
*아빠야 어디를 가야*
*당신의 마음처럼 살 수 있을까*

*가장 큰 별이 보이는 우리 동네*
*따뜻한 햇살 꽃이 피는 봄에*

*그댈 위로해요 그댈 사랑해요*
*그대만의 노래로*

*따뜻한 바람이 부는 봄 내음*
*그대와 이 길을 함께 걷네*
*아련한 내 맘이 겨우 닫는 곳에*

*익숙한 골목 뒤에 숨어 있다가*
*그대 오기만 오기만*
*기다린 그때가 자꾸만 떠올라*

*가장 큰 별이 보이는 우리 동네*
*따뜻한 햇살 꽃이 피는 봄에*

*그댈 위로해요 그댈 사랑해요*
*그대만의 노래로*

*뚜루뚜두두 두두두*
*뚜루뚜두두 두두두*
*뚜루뚜두두 두두두*
*하늘바라기 하늘만 멍하니*

해운대 재반로는 재송동에서 반여3동과 반여1동을 연결하는 도로이며, 오르막과 내리막이 심해 버스의 고장이 잦은 그러한 구간이다. 특히 반여3동은 장산의 중턱에 위치하여 경사가 심하지만 아래로 수영강이 흐르고 뒤로 장산이 있어서 해운대의 인구밀집도가 높았던 지역이라고 전해진다.

# 제15장 해운대의 호텔들

부산광역시

# 해운대구

Haeundae-gu

## ◎ 더 웨스틴 조선

웨스틴 조선호텔은 동백섬 입구 해변에 위치하여 최고의 입지를 자랑한다. 원래는 섬이었으나 동백섬에 진입하는 동백교가 설치되고 그 진입이 자유롭다. 사실 가장 오래된 호텔이며 가장 전망이 좋은 곳에 위치하여 많은 관광객들이 찾는 명소이다.

동백섬 운동을 하다가 소변을 보기위해 호텔 화장실에 가기도 하고 주변을 자주 이용하기도 한다. 커피숍의 차한잔이 2만원 정도이나 아름다운 뷰를 구경하는 가치가 있기도 해서 불만은 없다.

어느 날 신용카드가 대중화 되기전 주머니에는 현금 5만원 뿐이었는데 에니와 기네스 한잔을 시켜서 먹고 가슴 졸였던 기억이 있다. 혹시 5만원을 초과할까봐 두리번 거렸는데 마침 기네스 두 잔 값이 딱 5만원이었다.

해운대에 사는 즐거움이 크기도 하지만 품위있게 살기위한 품위유지비는 좀 많이 들기도 한다. 그래서 가끔은 해운대의 재래시장에서 즐거움을 찾기도 하면서 늘 여행자가 되어 살고 싶기도 하다.

또한 웨스틴 조선호텔에서 결혼식이 있는 날에는 결혼식을 축하하면서 풀코스의 코스요리를 먹는 기분도 쏠쏠하다. 좋은 사람들과 맛있는 음식을 먹으며 환담을 나누는 시간은 참 오래도록 기억하고 싶은 시간이다.

## ◎ 파라다이스

우리의 파라다이스는 있는가?

부산광역시 해운대구 중동의 해운대해수욕장 해변에 있는 파라다이스호텔은 한번쯤 이용하고 싶은 매력적인 호텔이다. 여름이면 해변 특설살롱에서 시원한 맥주와 안주를 팔며 시선을 사로잡는다. 주말이면 대기를 해야 이용할 수 있을 정도로 인기가 많은 곳이다.

호텔 객실 외에 사우나와 수영장이 있으며, 지하에는 대중적인 음악과 함께 술을 즐기는 곳이 있다. 1층 본관의 뷔페와 경양식은 미리 예약을 해야 이용가능하다.

해운대 파라다이스는 본관과 신관이 있으며, 내국인의 출입이 제한된 외국인 전용 카지노장이 있어서 외화를 벌어들이는 창구로서 역할을 하지만 코로나 등으로 적자에 허덕이는 상황이다.

내국인의 출입이 가능한 정선 카지노에 비하여 접근이 용이하고 도심지 중심에 있기 때문에 일정금액의 한도 내에서 내국인 출입을 허용했으면 좋겠다는 생각이 들 때가 있다.

라스베이거스에서는 카지노와 갬블러 간의 배팅 승률 차이는 1%에 불과하다고 한다. 이 1%의 차이로 일확천금과 성공, 부의 가치로 창조하여 갬블러, 관광객들에게 문화를 판매하고 있는 것이다. 가치를 사는 자는 다수이지만 가치를 파는 자는 라스베이거스 한 곳이고, 이곳에서는 1%의 배팅 승률로 영원히 질 수 없는 게임이 계속된다고 한다.

언젠가 호텔 사우나에서 사우나를 하다가 수영장에서 수영을 하는 사람들의 모습들을 보면서 훔쳐보는 재미를 느꼈던 적이 있다. 사우나에서는 밖을 볼 수 있게 썬팅을 하였지만 수영장에서는 사우나 안을 볼 수 없도록 해 놓았다고 하였다.

파라다이스 호텔 사우나와 수영장을 동일 층으로 배치하여 호객을 하는 것이 영업 전략인지 몰라도 수영장을 이용하는 사람들의 입장에서 조금 불편하지 않을까 생각해본다.

훔쳐보는 공간이 있다는 것은 결코 도의적으로 바람직하지 못하다.

## 팔레드시즈

해운대해수욕장 해변에 있으며, 파라다이스호텔과 나란히 있다.

1층과 2층은 상업시설이며, 위에 층은 콘도형 객실로 꾸며져 있다. 1층 스타벅스는 1~2층을 사용하며 접근이 용이하여 많은 사람들이 즐겨 이용하는 곳이다. 1층 조세호는 맥주와 소주 안주에 사람구경으로 여름에는 빈자리가 없다. LCT 방향의 2층에는 설빙이 있으며 코리안 디저트 음식과 차를 즐기기에 좋은 곳이다.

객실은 15평에서 79평까지 인원수에 따라 다양하게 선택할 수 있으며 대부분 바다 조망이 가능하다. 부대시설로 수영장이 있으며 화요일~일요일(월요일과 공휴일은 휴무)에 이용가능하다. 팔레드시즈콘도에서 안내하는 객실과 부대시설 이용사항은 아래와 같다.

Panorama Suite
침실3(침대3), 화장실2, 샤워실2, 취사가능

기본정보
객실크기 : 약 231㎡
베드타입 : 더블 3개
체크인 : 16:00 / 체크아웃 : 11:00
기준인원 6인 / 최대인원 10인(인원추가비용 1인/1박 30,000원)

어메니티
무료 wifi, 위성 TV 63개 채널, 55인치 Full HD TV, 코웨이정수기

이용안내
Tel. 0507-1318-3068

Presidential Suite
침실3(침대3), 화장실3, 샤워실3, 취사가능

기본정보
객실크기 : 약 261㎡
베드타입 : 더블 3개
체크인 : 16:00 / 체크아웃 : 11:00
기준인원 6인 / 최대인원 10인(인원추가비용 1인/1박 30,000원)

어메니티
무료 wifi, 위성 TV 63개 채널, 55인치 Full HD TV, 코웨이정

수기

Royal Suite
침실3(침대4), 화장실2, 샤워실2, 취사가능

기본정보
객실크기 : 약 231㎡
베드타입 : 더블 4개
체크인 : 16:00 / 체크아웃 : 11:00
기준인원 8인 / 최대인원 10인(인원추가비용 1인/1박 30,000원)

어메니티
무료 wifi, 위성 TV 63개 채널, 55인치 Full HD TV, 코웨이정수기

Deluxe Suite
침실3(침대2,온돌1), 화장실2, 샤워실2, 취사가능

기본정보
객실크기 : 약 165㎡
베드타입 : 더블 2개
체크인 : 16:00 / 체크아웃 : 11:00
기준인원 8인 / 최대인원 10인(인원추가비용 1인/1박 30,000원)

어메니티

무료 wifi, 위성 TV 63개 채널, 55인치 Full HD TV, 코웨이정수기

Premier Suite

침실2(침대2), 화장실2, 샤워실2 취사가능

기본정보

객실크기 : 약 119㎡

베드타입 : 더블 2개

체크인 : 16:00 / 체크아웃 : 11:00

기준인원 4인 / 최대인원 6인(인원추가비용 1인/1박 30,000원)

어메니티

무료 wifi, 위성 TV 63개 채널, 55인치 Full HD TV, 코웨이정수기

Junior Suite

침실1(침대1), 화장실1, 샤워실1, 간이취사, 원룸타입

기본정보

객실크기 : 약 50㎡

베드타입 : 더블 1개

체크인 : 16:00 / 체크아웃 : 11:00

기준인원 2인 / 최대인원 4인(인원추가비용 1인/1박 30,000원)

어메니티
무료 wifi, 위성 TV 63개 채널, 55인치 Full HD TV, 코웨이정수기

<실내수영장>
콘도내 커뮤니티
이용안내 : 2동 3층

운영시간
화~일 09:00 ~ 17:40
월요일 공휴일 휴무 (12:00 ~ 13:00 Break time)
* 운영상황에 따라 변동이 있을 수 있음.

가격
객실당 2인 무료 (출입카드, 수건 및 수영복 수모 개인지참)
추가 1인당 7세부터 1만원, 0~6세 6천원

예약 및 문의 : Tel. 0507-1318-3068

<피트니스센터>
이용안내 : 4동 3층

운영시간
화~토 06:00 ~ 21:40 / 입장마감 21시
일,공휴일 06:00 ~ 17:40 / 입장마감 17시

가격
객실당 2인 무료 (추가요금 1인당 10,000원)
14세 이하 출입금지

예약 및 문의 : Tel. 0507-1318-3068

## 베네키아호텔

옛 서울온천을 매입하여 철거 후 신축하였다.

온천물이 좋아서 주말마다 이용하며 사우나 겸 이발도 할 수 있어서 참 좋다. 따뜻한 온천물에서 20분 정도 몸을 담구고 명상을 즐긴다. 가장 평화롭고 자유롭고 신선이 되는 기분이다. 온갖 창의적인 생각들이 휴식을 통해 솟아나며 고요한 순간을 만끽하는 기쁨을 즐긴다.

베네키아호텔 홈페이지에서 안내하는 해운대 최고의 오션뷰를 소개하면 다음과 같다.

객실의 편안함과 가슴 탁 트이는 바다를 바라보며 편안한 휴식의 공간 해운대호텔 베니키아로 오신것을 환영합니다.

부산의 랜드마크하면 해운대를 떠올리는데 이곳 해운대 바닷

가를 배경으로 해운대호텔 베니키아가 오픈하였습니다.

깔끔하고 고급스러운 호텔의 내외부를 비롯하여 격조높은 서비스와 안락함을 드리는 저희 호텔은 다양한 디자인의 객실은 머무는 고객님의 품격도 한층 더 높여드립니다.

천혜의 자원인 해운대의 온천수!

온천수로 온몸의 피로는 물론 마음의 묵은 모든 피로까지 한번에 씻어줄수 있는 사우나시설이 2층과 지하층에 각각 마련되어 있으며, 고객님의 편의를 위해 로비에 마련된 휴식공간에서 인터넷검색도 가능하여 머무시는 시간동안의 지루함을 달래기에 충분합니다.

우리나라 유일의 임해온천장으로 해수욕과 온천을 겸할 수 있어 각광을 받고 있습니다.

신라시대부터 귀족들의 행차가 끊이지 않았으며 특히 진성여왕은 사시절 귀인과 궁인을 대동하고 향락을 일삼으므로 한 관리가 홍수가 난 것을 핑계로 온천을 폐쇄하였다고 합니다.

또한 120여년 전에는 청사포 갯마을 나환자들이 밤마다 몰려와 몰래 온천욕을 하여 나병이 씻은듯이 나았다고 합니다.

천질은 무색투명한 약알칼리성 식염천으로 수소이온농도(pH)

는 7.70 입니다.

수온은 42~62℃로 만성류머티즘, 관절염, 신경통, 말초혈액순환장애, 요통, 근육통, 외상후유증, 위장병, 부인병, 피부병, 아토피 등에 효과가 있습니다.

근대적인 온천으로서의 개발은 1897년 일본인에 의하여 시작되어 활기를 띠었으나 광복이후 침체되었습니다.

온천용출지역의 범위는 해운대구 중동 시 소유 1호공을 중심으로 반지름 80m내에 집중되어 있습니다.

온천공은 1930년대에 30여개에 이르렀으나 현재는 6개공만이 남아있고, 1일평균 3,000t이 채수됩니다.

특히 1984년에 새로운 대규모의 양질 탕원이 발견되어 해운대 해수욕장과 더불어 온천관광휴양지로서 개발되고 있으며 교통은 부산시내에서 쉽게 갈 수 있어 편리합니다.

저희 베니키아 호텔 해운대는 자체 온천공이 있으며 양질의 온천수(62℃)를 전 객실 및 사우나에 공급하고 있습니다.

부산 최고의 관광지 해운대로 오실때 저희 해운대호텔 베니키아로 오십시요.

여러분께 편안함과 즐거움을 드리기 위해 성심껏 노력하겠습니다.

감사합니다.

## ◎ 한화리조트

Cloud32에서 오륙도와 광안대교의 멋진 풍광을 보며 식사를 하는 기분을 어떻게 표현해야 할까? 어쩌다가 한번쯤 여행자의 기분을 내며서 제일 꼭대기 층인 32층에서 즐거운 시간을 보내는 것도 기분전환을 위해서 괜찮은 방법이다. 가끔씩 사우나에 들러 바다를 감상하며 목욕을 즐기는 기분도 좋았다.

해운대 한화리조트 홈페이지 안내사항은 다음과 같다.

부산의 화려한 변신을 한눈에 볼 수 있는
한화리조트/해운대

탁 트인 바다와 화려한 다이아몬드 브릿지의 감동이 배가되는, 품격 있는 객실로 초대합니다. 아름다운 부산의 야경이 눈앞에 펼쳐지는 한화리조트/해운대에서 잊지 못할 추억 만드세요.

디럭스(원룸_호텔형)
해운대와 오륙도, 광안대교가 함께 어우르는 대한민국 새로운 레져문화의 중심지, 한화리조트/해운대입니다.

객실정원4인

객실구성원룸형 / 욕실

객실수161실

객실요금은 성수기와 비수기, 회원과 비회원 구분하고 있으며 홈페이지 참조, 프렌즈 고객 요금은 로그인 후 객실예약 화면에서 별도 조회가 가능합니다(일반요금 대비 20~40% 할인 적용)

지역별 자세한 시즌 일정은 로그인 후 확인 가능합니다.

(홈페이지 > 회원로그인 > 분양회원추첨접수 > 추첨접수안내 > 추첨예약 일정)

객실 내 비품 현황

가구류더블베드1 / 식탁 / 테이블 / 소파

가전류TV / 냉장고 / 전기포트 / 드라이기

식기류머그잔 / 원형접시 / 포크 / 수저 등

기타이불 / 요 / 베개 / 타월

· 쾌적한 실내 환경을 위해 미취사(취사불가)로 운영되며 휴대용 취사도구의 객실반입을 제한하고 있습니다.

· 반려동물은 객실 및 리조트 내 모든 공용 시설에 입장이 불가합니다.

(단, 장애인 복지법에 따라 보조견 표지를 붙인 보조견의 출입은 허용합니다.)

추가요금 안내

| 구분 | 내용 | 요금 |
|---|---|---|
| 인원추가 | 만 6세 미만의 미취학 아동 | 무료 |
| | 만 6세 이상 | 5,000원/인 |
| 침구추가 | 이불 + 요 + 배게 | 10,000원/Set |
| 타월추가 | 사용한 타월 교환 요청 시 (1박당 1회 가능) | 무료 |
| | 타월 추가 요청 시 | 1,000원/장 |
| 객실 재정비 | 패밀리룸, 디럭스룸 타입 | 20,000원 |
| | 로얄룸 타입 | 30,000원 |

객실정원 초과 시 추가 비용이 발생하며, 최대 투숙인원 초과 시에는 입실이 제한됩니다.

객실 재정비 요청은 오전 11시 이전 프런트로 연락 주시기 바랍니다.

(객실 재정비는 주방을 제외한 침구커버 교체 등 전체 정비가 이루어집니다.)

입퇴실 시간

| | 시기 | 시간 |
|---|---|---|
| 입실시간 | 주말/연휴/성수기(여름,겨울) | 15시 |
| | 비수기 주중 | 14시 |
| 퇴실시간 | 주말/연휴/성수기(여름,겨울) | 11시 |
| | 비수기 주중 | 12시 |

객실 서비스

커피&디저트커피&디저트

파티시에가 만든 수제 디저트의 달콤함
메뉴 : 네스프레소 캡슐 커피, 수제 디저트

* 문의 : 051.749.5200
* 이용일 기준 1일전 17:00까지 신청해주시기 바랍니다.

과일바구니
마음을 전하고 싶은 특별한 날을 준비하고 계시다면
사전예약을 통해 객실서비스를 이용해 보세요.
객실로 정성스럽게 준비해 드립니다.

신선한 제철과일로 구성한 과일바구니

* 계절에 따라 과일 구성이 변경될 수 있습니다.

와인&치즈 플레이트와인&치즈 플레이트
와인 1병과 과일, 치즈로 구성된 플레이트

객실 서비스는 온라인 객실 예약 시 함께 예약하실 수 있습니다.
(홈페이지, 모바일 앱을 통한 예약 시 '객실 서비스' 선택 가능)
사전예약제로 운영되며, 방문 예정일 2일 전까지 예약이 가능합니다.
사전예약 후 당일 취소가 불가합니다.

## ❁ 파크 하얏트 부산

지하6층~지상34층, 254실 규모의 특급호텔이다. 해운대아이파크 단지안내에 따르면 호텔, 오피스, 쇼핑시설이 함께하는 복합공간으로 소개하고 있다.

해운대 영화의 거리와 요트경기장 옆에 위치하며 광안대교와 광활한 바다를 조망할 수 있는 특급 문화공간이다.

부산 해운대에 위치한 최고급 럭셔리 호텔!

광활하게 펼쳐진 바다와 광안대교 전경을 자랑하는 부산의 럭셔리한 랜드마크. 쇼핑 및 여가의 중심지 부산 해운대에 위치한 파크 하얏트 부산은 세계 최고 수준의 백화점과 부산전시컨벤션센터(BEXCO)와 인접해 있습니다. 고객 맞춤형 경험, 엄선된 예술품으로 채워진 공간에서의 환대, 창의적인 다이닝과 품격 있는 서비스로 비즈니스 고객은 물론 레저 고객까지 파크 하얏트 부산을 찾는 모든 고객에게 내 집과 같은 편안함을 선사합니다.

디럭스 패밀리 트윈

49평방미터 크기의 6층 - 29층에 위치한 넉넉한 휴식 공간에 퀸사이즈 침대 1개, 싱글 침대 1개와 2인용 식탁을 갖추고 있으며, 전면 통유리창을 통해 요트 선착장의 이국적인 전경을 감상할 수 있습니다. 3인 또는 자녀를 동반한 가족 단위 고객들이 편안한 휴식을 취하기에 적합한 객실입니다.

부산 호텔 오션뷰 객실

오션전망 (1킹)

41평방미터 크기의 객실은 킹사이즈 침대 1개와 2인용 식탁을 갖추고 있으며, 바닥부터 천장까지 이어진 통유리를 통해 한 폭의 아름다운 풍경화와 같은 해운대 바다와 광안대교 전망을 감상하실 수 있습니다.특히 광안대교 야경은 로맨틱한 분위기를 더해줘 소중한 이와의 특별한 투숙 경험을 제공합니다.

부산 호텔 패밀리 스위트 객실

파크 프리미엄 패밀리 스위트

파크 프리미엄 패밀리 스위트는 17층 - 26층에 위치한77평방미터 크기의 스위트로 1개의 퀸사이즈 침대와 1개의 싱글 침대를 갖춘 침실과 독립된 라운지 공간을 갖추고 있어 가족 또는 지인들과 여유로운 휴식을 취할 수 있습니다. 고층에서 내려다보는 아름다운 광안대교 전망이 매력적인 침실에서는 마치 하늘 위에 떠있는 것 같은 기분을 느낄 수 있습니다.

부산 호텔 파크 이그제큐티브 마리나 스위트

파크 이그제큐티브 마리나 스위트

파크 하얏트 부산에서 가장 선호되는 코너 스위트 룸으로, 해운대 바다와 광안대교 전망 뿐만 아니라, 요트 경기장의 전경까지 감상할 수 있어 로맨틱한 분위기를 원하는 커플이나 지인들과의 사교 모임을 원하는 고객들에게 적합합니다.

LUMI SPA & FITNESS

at Park Hyatt Busan

눈부신 태양과 대지의 아름다움이 어우러져 부산 마린시티의 평화로움을 그대로 누릴 수 있는 루미 스파 피트니스는 수영장,

사우나, 피트니스 센터와 프레스티지급의 오셀라스 스파를 갖추고 있는 도심 속 휴식처입니다.

루미 스파 피트니스에서 풍부한 햇살의 에너지와 잔잔하지만 우아한 바다 물결이 선사하는 경이로운 자연의 품격을 느껴보세요. 청명한 에너지를 되찾게 해드릴 루미 스파 피트니스가 선사하는 찬란한 빛의 세계로 당신을 초대합니다.

수영장 & 사우나

Lumi Spa & Fitness

전면 유리창을 통해 들어오는 자연 채광과 아름다운 해운대 바다 전망을 자랑하는 20m 길이의 실내 수영장에서 진정한 휴식을 즐겨보세요. 내부 인테리어는 정원을 연상시키며, 저녁이 되면 은은한 천장의 조명이 화려한 광안대교 야경과 어우러져 환상적인 분위기를 자아냅니다.

- 위치: 4층
- 운영 시간: 오전 6시 - 오후 10시 (브레이크 타임: 오전 11시 - 오후 12시)

* 수질 관리와 보다 쾌적한 이용환경 조성을 위해 입수 시 수영복 및 수영모자 착용은 필수입니다.

* 만 12세 미만 고객은 부모 또는 법적 보호자를 동행한 경우에 한해 수영장 이용이 가능합니다.

사우나

프라이버시를 보장하는 개인 샤워부스, 건식 및 습식 사우나 시설과 대형 라커를 갖추고 있는 휴식 공간입니다.

- 위치: 4층
- 운영 시간: 오전 6시 - 오후 10시

* 만 16세 미만 고객은 사우나 이용이 제한됩니다.

피트니스 센터

Lumi Spa & Fitness

피트니스 센터는 체계적인 체력 관리를 위한 세계 최고 수준 '라이프 피트니스'의 최신 운동 설비 및 퍼스널 트레이닝이 가능한 프라이빗 스튜디오를 갖추고 있습니다.

- 위치: 5층
- 운영 시간: 오전 6시 - 오후 10시

* 만 16세 미만 고객은 피트니스 센터 이용이 제한됩니다.

오셀라스 스파

Lumi Spa & Fitness

OCELAS는 OCEan + Land + Air + Sun의 합성어로, 바다와 땅, 순수한 공기와 태양, 자연에서 온 아름다움을 의미합니다.

자연과 인간의 조화된 아름다움을 추구하는 오셀라스 스파는 2개의 커플룸을 포함해 총 7개의 스파 트리트먼트룸을 갖추고 있으며, 세계적인 테라피 교육을 받은 전문 테라피스트가 최고급 유기농 제품, 자연에서 채취한 스톤과 허브를 활용하여 자연의 에너지를 온전히 담아낸 트리트먼트로 몸과 마음에 평온을 선물해 줍니다.

- 위치: 3층
- 운영 시간: 오전 10시 - 오후 10시
- 문의 및 예약: 051-990-1440

## 아르피나

객실, 컨벤션, 스포츠센터 등 편리하고 저렴하게 이용가능한 곳이다. 한표는 아르피나 실내 골프연습장에서 골프를 배우고 시간이 날 때마다 연습을 하기도 한다. 주차하기가 좋고 코칭 스텝이 여러 명으로 초보자가 운동하기에 적합하다.

아이들이 축구교실에서 축구 연습하는 광경을 볼 수도 있고, 수영장과 사우나가 잘 연결되어 있어서 이용이 편리하다. 호텔 컴바인에서 안내하는 아르피나는 다음과 같다.

부산 유스호스텔 아르피나는 부산 지하철 2호선 벡스코역 3번 출구에서 도보로 약 15분, 2호선 센텀시티역 3번 출구에서 도보로 약 20분 거리에 위치해 있습니다. 동백섬과 광안리 해수욕장,

해운대 해수욕장이 차로 약 10분 거리에 있으며 바다가 내려다 보이는 해동 용궁사까지 차로 약 15분이 소요됩니다.

부산에 머무시는 동안 이 호스텔에서 아늑한 객실 및 시설을 이용하실 수 있습니다. 뿐만 아니라 아이돌봄 서비스, 수영장, 사우나도 갖춰져 있습니다.

이 호스텔의 고객님들은 이곳에 조성된 정원에서 즐거운 시간을 보내실 수 있습니다. 여행 중에도 건강 관리를 하시는 분들을 위해 헬스장을 운영하고 있습니다.

이 호스텔에는 103개의 객실이 갖춰져 있으며 한정된 예산으로 여행하시는 분들에게 추천하는 숙소입니다.

호텔은 17세기 영국 페더즈 호텔에서 유래하였으며, 우리나라는 민간경제가 국제화되던 1972년 하반기부터 워커힐호텔과 반도호텔 등이 민영화되면서 활성화되었다. 조선호텔, 서울프라자호텔, Hyatt HTL과 부산조선비치호텔, 경주코롱호텔 등이 1970년대에 개관하였다.

# 제16장　해운대 중동

부산광역시

# 해운대구

Haeundae-gu

## 해운대 구청

해운대의 중심 해운대 구청입니다.

해운대구 중동에 위치한 해운대 구청은 주변 호텔과 온천욕장에 둘러 쌓여 있으며 넓은 주차장과 황금빛 금붕어가 춤추는 연못이 있는 고풍스러운 곳입니다.

주말이면 수많은 관광객이 주차장을 이용하기 위해 긴 줄을 이어서 있으며, 주변의 맛 집들과 연계하여 관광수요를 감당하고 있다.

큰길을 건너기만 하면 해운대해수욕장과도 인접해 있어서 해수욕장 이용객이나 해운대시장을 이용하는 관광객에게는 아주 가까이서 이용할 수가 있어서 더 좋다.

해운대구의 역사를 보면 1953년 해운대출장소로 발족하여 1980년4월에 해운대구로 승격하였다. 1995년부터 민선구청장으로 1998년 2기, 2002년 3기, 2004.6.5.~2014.3.31. 재임한 배덕광, 2014년 민선6기 백선기, 2018년 민선7기 홍순헌, 2022년 민선 8기 김성수로 이어져 오고 있다.

해운대구의 2024년 연간예산은 8,349억원으로 2006년 1,773억원에 비해 천문학적으로 확대 편성되고 있으며 재정자립 면에서도 세출보다 세입이 많은 건전재정을 운용하고 있다. 좌동 신시가지가(그린시티) 형성되면서 10만 인구가 증가 되었고 마린시티의 초고층 아파트와 센텀시티의 신세계와 롯데 등이 들어서며 부촌을 형성하고 있다.

해운대구 마린시티를 조성하면서 대토로 받은 해운대구청 부지가 센텀시티(재송동) 안에 있으며, 2024.4.26. 착공 2027.5월 준공 예정인 해운대구청 신청사는 1741억원의 예산을 투입하여 지하2층, 지상 8층의 통합행정서비스를 제공하는 복합문화공간이 될 예정이다.

해운대구 중동을 중심으로 재건축 재개발이 활발하게 진행 중이며 건설사에서도 해운대에서의 성공은 100% 보장으로 눈독을 들이는 경우가 많다. 왜냐하면 부동산 시장에서도 해수동남으로 천혜의 자연환경과 청정지역으로 아름다운 뷰와 삶의 질을 보장할 수 있기 때문으로 분석하고 있다.

그런데 해운대에서의 삶은 만족하지만 주말이면 관광객이 모여들면서 교통체증이 심화되어 주민들의 불편을 어떻게 풀어야할지 큰 과제로 남아있다.

## ❂ 해운대 이마트

해운대 중동에 위치한 이마트는 신도시와 중동 사람들의 생활수요를 가장 가까이서 즐기는 문화공간이다.

실내 및 야외주차장까지 편리하게 접근할 수 있으며 다양한 상품들과 생활용품들이 진열되어 있어서 최상의 만족도를 제공하고 있다.

그러나 코로나19를 보내며 온라인 거래의 활성화로 옛 수요만큼 현장 구매비율이 감소되는 추세에 있어서 대형마트의 생존율이 급격히 감소되는 현실이다. 해운대 우동의 홈플러스가 문을 닫으며 그기에 고층의 빌딩이 들어선다고 한다.

마트의 특성상 주민들의 접근성이 뛰어나고 상업지역으로 주상복합아파트로 개발할 경우 개발이익의 극대화를 예상할 수 있기 때문에 언제 어떻게 변할지 모른다.

## 해운대 암소갈비

해운대의 역사만큼이나 오래된 역사를 가진 해운대 암소갈비집이다.

고풍스러운 기와집에서 풍겨 나오는 고기냄새가 실바람을 타고 살랑살랑 해운대 전역을 누빈다. 맛이 무르익으면 해운대를 지나 대구 대전 서울까지 그 맛이 전해지는 것 같다.

전국 각지에서 찾아오는 여행객들과 부산사람들의 맛 사랑은 변함이 없는 것 같다. 해운대에 오면 해운대 암소갈비 맛은 봐야 제대로 맛 집 탐방을 했다고 할 수 있을까?

양념갈비는 양념갈비대로 생갈비는 생갈비대로 바알간 숯불에 구워서 먹는 재미를 어떻게 표현해야 구미에 댕길까 생각해 본다.

얼마 전부터 기와집을 철거하고 신식으로 새로운 건물을 지어서 보다 나은 서비스로 승부를 걸겠다고 소문이 나있다. 신축기간 동안 종사원들에게 퇴직수당을 두툼하게 챙겨주어 그동안의 고마움을 표시하였다고 하는데 노블리스 오블리주를 실천한 해운대암소갈비 사장님의 선한 영향력에 지면을 통해 감사의 인사를 드리고 싶다.

잘 산다는 것을 생각해 보면 상대를 배려하고 베풀며 사는 것이 잘 사는 것이고 행복해지는 비결인데, 더 많은 욕심으로 더 많이 가지려고 하는 것이 불행의 요인인 것 같다.

모두가 성인군자처럼 살 수는 없지만 많이 가진 사람들이 더 베풀고 배려하는 사회가 되었으면 참 아름다운 사회가 될 것 같다.

해운대암소갈비의 무궁한 발전을 기원한다.

## 금수복국

사시사철 여행객들로 붐비는 곳이다.

그냥 복국이 아니라 뭔가가 특별하다. 복요리 코스가 좀 비사긴 한데 예약을 하려면 코스요리를 주문해야 한다. 그렇지 않으면 웨이팅을 하거나 편하게 복국정식으로 주문을 하면 밑반찬이 좋아서 충분하다.

국내 여행객뿐만 아니라 중국 관광객들도 많이 찾는 곳이다. 워낙 유명한 곳이라 주차장이 항상 만차가 되어 조금 불편함을 느낄 때도 있을 것 같다.

금수복국은 복국으로 성공한 경우인데 해운대 본점과 서울에서도 인기가 많다고 한다. 자체적으로 요리연구소를 운영하여 새로운 메뉴를 개발하고 혁신하여 오늘의 맛 집으로 성공했다고 본다.

혁신이란 기존의 틀을 깨어 부수는 것이다. 슘페트(1883~1950)의 '창조적 파괴'야 말로 혁신의 아이콘이라고 할 수 있다. 수많은 시행착오와 열정으로 탄생한 금수복국의 복요리 코스와 맛 집 열풍에 찬사를 보내고자 한다.

2014년 모범납세자로 국무총리상을 수상한 바가 있으며 앞으로도 지역사회발전과 성실납세에 기여하는 선도적 맛 집이 될 것을 기대한다.

## ◎ 해주냉면

더운 여름날 해운대해수욕장에서 즐겁게 땀을 흘리고 해운대구청 앞의 해주냉면집에서 냉면 한 그릇을 먹으면 그 해의 여름은 참 좋았다고 말할 수 있다. 예전에 지금의 해운대부민병원 자리에 함흥냉면집이 있었는데 폐업을 하였다.

유일하게 남은 해주냉면집은 코로나19를 겪으며 경영난으로 어려운 시기를 지나 지금은 정상적인 영업을 하고 있다. 냉면뿐만 아니라 갈비탕, 해장국 등도 함께 먹을 수 있어서 다양하게 메뉴를 선택할 수 있다.

출입구가 크지는 않지만 안으로 들어가면 종사원들의 친절한 안내와 테이블이 많아 시원하고 조용하게 즐기면서 맛있게 시간을 보낼 수 있어서 좋다.

주말이면 베네키아호텔에서 온천욕을 하고 해주냉면집에 가끔 들려 물냉면을 먹는데 얼마 전에는 비빔냉면으로 메뉴를 바꿔서 주문을 하고 맛있게 먹었는데 싱겁게 먹는 습관 때문에 조금은 매운맛에 이것도 나이 탓인가 하는 생각이 들었다. 과민성 위염이 있는 경우에는 매운 비빔냉면 보다도 물냉면을 권한다.

## ◎ 해성막창집

해운대구 중동1로 19번길 29(중동) 해운대구청 가까이에 있는

막창 전문집이다.

잘 아는 지인의 조카가 운영하는 가게이기도 하고 소주한잔에 우정을 나누기도 좋은 맛 집이다.

주말이면 저녁시간부터 밤까지 길게 이어진 줄은 줄어들 줄 모르고 청춘남녀의 사랑으로 넘쳐나는 곳이다. 소막창, 대창, 곱창 전골 등 국내산 한우를 식재료로 사용하며 좀 저렴한 가격으로 이용할 수 있는 장점이 있다. 인기메뉴는 국물에 곱창이 가득한 곱창전골이며, 남은 국물에 사리를 추가해서 먹거나 밥을 볶아서 먹는 것도 좋은 방법이다.

여행을 다니거나 바쁘게 살다보면 고향이 그리울때가 있다. 나무위키에 실린 웨스트라이프의 My Love는 2000년도에 나왔던 두 번째 정규 앨범 Coast To Coast의 수록곡이다. 잔잔한 분위기의 매력적인 곡이다. 웨스트라이프의 대표곡이라고 할 수 있을 만큼 유명한 곡으로 대한민국에서도 국민팝이라고 할 정도로 많은 사랑을 받았으며 지금도 많이 불리고 있다.

[Verse 1]
An empty street, an empty house
텅 빈 거리, 텅 빈 집

A hole inside my heart
마음에 난 구멍

I'm all alone, the rooms are getting smaller
홀로 있는 이 방은 자꾸만 작아져만 가요

I wonder how, I wonder why
어떻게, 왜 그런지

I wonder where they are
어디 있는지 궁금해요

The days we had, the songs we sang together? Oh yeah
우리가 함께 한 날들, 우리가 함께 불렀던 노래들 말이에요..

[Pre-Chorus]
And oh, my love
오, 내 사랑

I'm holding on forever
나는 영원히 기다릴 거예요

Reaching for the love that seems so far
멀게만 보이는 사랑을 향해 손을 뻗으면서

[Chorus]
So I say a little prayer
그래서 난 기도 드려요

And hope my dreams will take me there
그리고 나의 꿈이 나를 인도해 주길 바래요

Where the skies are blue
파란 하늘 아래서

To see you once again, my love
당신을 다시 한 번 더 볼 수 있도록요, 내 사랑

Overseas from coast to coast
바다를 건너고 또 건너요

To find a place I love the most
내가 가장 사랑했던 곳을 찾기 위해서요

Where the fields are green
푸른 초원이 펼쳐진 곳에서

To see you once again, my love
당신을 다시 만나도록 말이에요, 내 사랑

[Verse 2]
I try to read, I go to work
책도 읽어 보고, 일도 해 보고

I'm laughing with my friends
친구들과 웃어 보려고 애를 쓰지만

But I can't stop, to keep myself from thinking, oh no
당신 생각을 떨쳐 내리는 걸 멈출 수가 없어요

I wonder how, I wonder why
어떻게, 왜 그런지

I wonder where they are
어디 있는지 궁금해요

The days we had, the songs we sang together? Oh yeah
우리가 함께 한 날들, 우리가 함께 불렀던 노래들 말이에요..

[Pre-Chorus]
And oh, my love
오, 내 사랑

I'm holding on forever
나는 영원히 기다릴 거예요

Reaching for the love that seems so far
멀게만 보이는 사랑을 향해 손을 뻗으면서

[Chorus]
So I say a little prayer
그래서 난 기도 드려요

And hope my dreams will take me there
그리고 나의 꿈이 나를 인도해 주길 바래요

Where the skies are blue
파란 하늘 아래서

To see you once again, my love
당신을 다시 한 번 더 볼 수 있도록요, 내 사랑

Overseas from coast to coast
바다를 건너고 또 건너요

To find a place I love the most
내가 가장 사랑했던 곳을 찾기 위해서요

Where the fields are green
푸른 초원이 펼쳐진 곳에서

To see you once again, my love
당신을 다시 만나도록 말이에요, 내 사랑

[Bridge]
To hold you in my arms
당신을 제 품에 안기 위해서

To promise you my love
당신에게 제 사랑을 약속하기 위해서

To tell you from the heart
당신에게 진심을 말하기 위해서

You're all I'm thinking of
당신은 제 생각의 전부에요

I'm reaching for the love that seem so far
신기루 같은 사랑을 향해 손을 뻗고 있어요

[Chorus]
(So) So I say a little prayer
그래서 난 기도 드려요

And hope my dreams will take me there
그리고 나의 꿈이 나를 인도해 주길 바래요

Where the skies are blue
파란 하늘 아래서

To see you once again, my love
당신을 다시 한 번 더 볼 수 있도록요, 내 사랑

Overseas from coast to coast
바다를 건너고 또 건너요

To find a place I love the most
내가 가장 사랑했던 곳을 찾기 위해서요

Where the fields are green
푸른 초원이 펼쳐진 곳에서

To see you once again, my love
당신을 다시 만나도록 말이에요, 내 사랑

[Outro]
So I say a little prayer
그래서 난 기도 드려요

And hope my dreams will take me there
그리고 나의 꿈이 나를 인도해 주길 바래요

Where the skies are blue
파란 하늘 아래서

To see you once again (oh my love)
당신을 다시 한 번 더 볼 수 있도록요

Overseas from coast to coast
바다를 건너고 또 건너요

To find a place I love the most
내가 가장 사랑했던 곳을 찾기 위해서요

Where the fields are green
푸른 초원이 펼쳐진 곳에서

To see you once again, my love
당신을 다시 만나도록 말이에요, 내 사랑

## 다함께 차차차

가수 설운도는 2022.9월부터 해운대구 홍보대사로 위촉되어 해운대의 각종 행사를 홍보하고 있다. 1958년 해운대구 중동에서 태어나 해운대초등학교를 졸업한 유명가수이다. 가황 나훈아가 부산 동구가 낳은 인물이라면 설운도는 해운대가 낳은 인물중에 인물이다.

'다함께 차차차'와 '쌈바의 여인, '보라빛 엽서' 등 많은 히트곡이 있으며, 나무위키에서는 다음과 같이 소개하고 있다. 대한민국 트로트 가수이자 싱어송라이터로 데뷔를 준비하던 시절 본명 이영춘이 촌스러워 예명을 생각하다가 '설운도'로 예명을 결정했다고 한다.

히트곡 태반을 직접 작곡했으며 동료 가수들이 설운도의 곡을 받아 히트한 경우도 많다. 배우자인 이수진은 작사가로 활동하는데 설운도의 많은 곡을 이수진이 작사했다. 2집 히트곡 '여자 여자 여자'의 작사가 그 시작이었는데 그 경위는 장윤정과 함께 출연한 라디오 스타에서 밝혀졌다. 이수진이 작사가로 활동하고 싶었던 차에 설운도 본인이 작곡을 할 줄 안다는 점을 어필하며 가까워지게 되었다고 한다.

한표도 다함께라는 말을 좋아해서 '다함께 차차차'와 트로트 가수 임영웅이 노래하여 히트한 '보라빛 엽서'를 옮겨본다.

*다함께 차차차(가수 설운도)*

*어차피 잊어야 할사람이라면*

*돌아서서 울지마라 눈물을 거둬라*
*내일은 내일 또다시 새로운 바람이 불거야*
*근심을 털어놓고 다함께 차차차*
*슬픔을 묻어놓고 다함께 차차차*
*차차차 차차차 잊자 잊자 오늘만은 미련을 버리자*
*울지말고 그래 그렇게 다함께 차차차*

*어차피 돌아서 간 사랑이라면*
*다시는 생각마라 눈물을 거둬라*
*내일은 내일 또다시 새로운 바람이 불거야*
*근심을 털어놓고 다함께 차차차*
*슬픔을 묻어놓고 다함께 차차차*
*차차차 차차차 잊자 잊자 오늘만은 미련을 버리자*
*울지말고 그래 그렇게 다함께 차차차*

출처: https://jaipur.tistory.com/entry/설운도-다함께-차차차-가사듣기

*보랏빛 엽서(김원일작사/설운도작곡)*

*보랏빛 엽서에 실려온 향기는*
*당신의 눈물인가 이별의 아픔인가*
*한숨속에 묻힌 사연 지워보려해도*
*떠나버린 당신 마음 붙잡을 수 없네*
*오늘도 가버린 당신의 생각에*

*눈물로 써내려간 얼룩진 일기장엔*
*다시 못 올 그대 모습 기다리는 사연*

*오늘도 가버린 당신의 생각에*
*눈물로 써내려간 얼룩진 일기장엔*
*다시 못 올 그대 모습 기다리는 사연*
*다시 못 올 그대 모습 기다리는 사연*

LAVI DE ATLAN

LAVI DE ATLAN
그대는 매일 5분 씩이라도
나라를 생각해 본 일이 있는가

jump

# 제17장 해운대 반송

부산광역시

# 해운대구

Haeundae-gu

반송2동
반송1동
반여1동
반여4동
반여3동
반여2동
재송2동
재송1동
좌4동
송정동
우1동
좌3동
좌1동
좌2동
우2동
중1동
중2동
우3동

## ❂ 반송의 역사

동래구 반송시절 시골출신인 한표는 조방 앞 시외버스터미널에서 내려 반송행 시내버스를 타고 한참을 가서 반송에 내렸다. 여느 시골과 다름없는 반송을 보며 '여기가 부산이가?' 반문을 하며 낙후된 반송의 모습에 실망을 하였다. 그러나 지금은 도시철도와 연결되는 경전철이 반송까지 운행되고 있으며 4년제 종합대학인 영산대학교 해운대캠퍼스까지 설립되어 명실상부하게 도시의 모습을 갖추고 있다.

1978년 해운대구 반송으로 편입되었으나 장산을 사이에 두고 남쪽과 북쪽의 생활수준이 차이가 많았다.

나무위키에 실린 반송의 역사에 대해 살펴보면 다음과 같다.

부산광역시 해운대구의 법정동이며 반송1, 2동으로 나누어진다. 반송1동(아랫반송)은 법정동인 석대동을 포함한다. 아랫반송은 아파트는 거의 없고 주로 주택가이며, 해운대구 북서쪽에 위치한다. 해운대해수욕장 이미지가 강한 해운대구에 속하지만 바다가 보이지 않는 내륙 지역이다.

반송2동(윗반송)은 아파트들이 대략 5,500세대정도 밀집되어 나름의 인프라가 갖추어져 있다.

2021년 11월 반송, 석대, 반여동이 센텀2지구 도심융합특구로 지정되면서 미래가치가 기대되는 지역이기도 하다.

지명 유래와 도로교통 상황 등을 살펴보면

옛날 반송동 지역에 소나무의 품종인 반송(盤松)이 많아 반송동이라는 이름이 붙여졌다.

농촌 마을이었으나 1968년 동구 수정동 고지대 철거민, 부산시내 수재민, 부산역전 대화재 이재민, 철도 부설 지구의 철거민 등이 이주하며 인구가 증가하였다. 철거민 집단 이주 정책의 영향으로, 반송동의 주택가는 네모반듯한 모습이다.

도로 교통의 경우 생각보다 괜찮은 편이다. 석대사거리까지 빠져나오면 바로 도시고속도로인 번영로와 정관산업로를 탈 수 있기 때문. 그러나 반송로가 한번 막히게 되면 지옥으로 변한다. 90년대 까지는 기존 반송로 하나에 의존하고 있었지만 4호선의 개통과 함께 석대천로가 개통되면서 교통난이 상당 부분 해소되었다. 반송동과 회동동을 잇는 길이 개통되어 석대까지 내려가지 않고 바로 정관산업로로 갈 수 있게 되어 교통이 더욱 편리해졌다.

회동교차로 부근에 윤산터널이 개통되어 금정구 장전동이나 북구 화명동으로 빠르게 갈 수 있게 되었다.

자가용 기준, 정체가 거의 없을 시 평일 광안리까지 20분, 해운대 센텀시티까지 15분정도 소요된다. 그 외에 시외인 양산시 동면까지도 20~30분이면 간다. 도시고속도로인 번영로 부뜻길

(부산항 제5부두)까지 막히지만 않는다면 25분 내에 도착하며, 문현동은 15분이면 간다. 반대 지역인 구서IC나 노포동 방면도 막히지 않으면 10분 내외로 도착한다. 한편 광안대로를 타기에도 나름 좋은 여건이라, 광안대로를 타고 남천동, 용호동이나 영도까지 생각보다 오래 걸리지 않는다. 다만 광안대로를 타기 전까지 진입도로에 신호가 많다.

부산시내에서 기장읍으로 가기 위해서는 해운대 신시가지와 송정쪽을 지나거나 반송과 철마면을 지나야 한다. 그래서 피서철에는 차가 많이 막히는 편이다.

살기 좋은 행복마을을 만들기 위해 지역민들이 자발적으로 나서고 있고 정부의 정책 시범 지구가 되기도 했다.

센텀시티부터 출발하는 수영강변공원 산책로가 석대천 산책로까지 연결하는 공사가 마무리되면 센텀시티와 도보 왕래가 가능해 질 듯 하다.

부산 도시철도 4호선이 기장군 고촌까지 이어지는 도시철도 개통 버프에 힘입어 전반적으로 부동산 가격이 오르고 있지만, 해안가 라인인 우동, 중동, 좌동쪽의 해운대구 남부와 수영구, 남구 등에 비하면 한참 낮은 편이며, 해운대구에서 가장 접근성이 떨어지는 지역이다.

4년제 종합대학인 영산대학교와 특성화고등학교인 영산고등학교가 있다. 초중고, 대학교까지 모두 있어서 외부에서 통학하는 학생들이 있다. 반면, 반송동 거주 일반계 고등학생들은 근처 동네의 고등학교로 진학해야 한다. 주로 기장고등학교나 반여고등학교, 동래구에 위치한 혜화여자고등학교나 충렬고등학교 등지로 진학하는 편이다.

## ◌ 반송 사람들

반송의 역사에서 보는 것처럼 반송 사람들은 순박하다. 도시화가 늦게 진행되면서 시골의 정서가 남아있는 것 같아서 좋다. 수영세무서 근무 시 한표는 체납세를 징수하기 위해 반송을 방문하였다. 크게 사업을 하다가 부도로 잠적한 사업자였는데 어떻게 수소문하여 찾아 갔었다. 다닥다닥 붙은 2층집의 작은 방에서 나와 체납할 수밖에 없는 상황을 듣고 도와주지 못해 돌아서야 했던 마음과 집을 찾을 수 있도록 친절하게 가르쳐 주었던 한 주민의 고운 마음이 고맙다.

1965년생인 고창권은 반송에서 어린 시절을 보냈다. 대학 졸업 후 부산경남 인도주의실천의사협의회 사무국장으로 활동하였다. 1995년 반송에 해인의원을 개원하면서 지역주민 활동에 관심을 가지고 1998년 '반송을 사랑하는 사람들'이라는 주민모임을 창립하여 지역 활동에 전념하였다. 5년간 지역주민모임을 이끌면서 창의적인 지역 활동의 여러 모범을 만들었으며 2002년 지방선거에 출마하여 해운대구 구의원으로 활동 중 2005년에 출간한

‘반송 사람들’의 책소개를 보면 다음과 같다.

부산 해운대 반송 지역 주민들과 그곳에서 지역 활동을 하고 있는 저자가 살기 좋은 지역 공동체를 만들고, 풀뿌리 민주주의를 이루어가는 실천적인 삶의 이야기를 소개한다. 촌 동네, 못사는 동네라고 은근히 멸시를 받아오던 반송이라는 부산 변두리에서 활동해온 ‘반송을 사랑하는 사람들’이라는 지역활동 단체의 경험과 활동 내용이 잘 정리되어 있다. 주요 지역 활동으로 마을신문, 벽화 그리기, 다양한 소모임, 어린이날 놀이 한마당 등을 소개하고 있다.

‘마을만들기 네트워크’ 공동의장이자 부산대학교 경제학과 교수인 황한식 교수의 추천평을 살펴보자.

이 책은 반송 사람들의 이야기지만 우리나라의 도시와 농촌을 막론하고 ‘촌동네’, ‘못사는 동네’, ‘사람들이 떠나가는 동네’에서 주민자치를 통한 보다 나은 지역 만들기, 새로운 희망 만들기의 소중한 실천 모델을 제시하고 있는 것이다. 화려한 구호나 실효성 없는 공약이 세상을 바꾸는 것이 아니라 내실 있는 구체적 실천 사례가 현실적 가능성의 실천적 검증으로서 대중을 움직이고 세상을 바꾸는 힘이기 때문이다. 반송의 사례는 살기 좋은 지역 만들기가 지역주민의 생활상의 절실한 요구에 따라 경제와 복지, 문화와 교육, 환경보전과 어메니티, 주민자치가 함께 어우러지는 지역공동체의 총체적 발전을 지향하는 것임을 잘 보여주고 있다.

주민이 동원과 집행의 대상이 아니라 주체적 참여와 의사결정의 주체이며, 스스로 학습하고 다양한 조직과 주민을 통합하여 지역사회의 미래를 계획하는 주체로 나서고 있으며, 지역운동의 바탕 위에서 저자가 주민의 대표로서 지방의원이 되어 의정활동의 모범을 보이며 주민자치-지역공동체 만들기 운동과 지방자치 활동을 연계시키고 있는 실천 모델이 주목되어야 할 것이다.

## 반송도서관

반송도서관은 1978년 3월 개관한 오래된 도서관이다. 대중교통인 경전철 4호선을 타고 영산대역에서 내려 천천히 10분 정도 걸어서 도착할 수 있다. 매월 첫째와 둘째 월요일 휴관이며, 09시부터 22시까지 이용가능하다.

도서관 주변에는 먹을거리가 풍부하며, 바로 뒤편에는 반송골목시장이 있어서 한번쯤 나들이를 해도 후회하지 않을 것이다. 특히, 어린이들을 위한 많은 도서들이 비치되어 있으며, 2층의 사학 자료실에도 역사와 관련된 도서들을 많이 구비하고 있다.

부산광역시립반송도서관의 반송도서관 홈페이지의 내용 일부를 소개하면 다음과 같다.

아이가 부모, 학교, 지역사회의 영향을 받고 성장하듯이

도서관은 이용자님의 관심과 미래를 향한 꿈으로 성장합니다.

우리도서관은 다양한 자료와 정보 제공을 기본으로 학생들의 독서력 향상, 지역 여건에 맞는 수요자형 인문·예술·문화프로그램 운영 등 누구나 쉽게 이용하는 복합문화공간이 되고자 노력하고 있습니다.

늘 이용자와 소통하고 지역주민과 함께 성장하는 열린 도서관이 되도록 최선을 다하겠습니다.

감사합니다.

시설현황을 보면 연건평 1,802.71㎡로 지하1층 서고와 지상 3층이다. 1층은 종합자료실과 어린이실, 2층은 디지털자료실과 사학자료실, 3층은 일반열람실과 휴게실 등이다.

## 반송공원

반송공원은 부산광역시 해운대구 반송동에 있다.

한국관광공사에서 안내하는 반송공원은 경찰특공대 부지 89,840㎡에 조성되었다. 광장과 쉼터가 있는 진입 공간, 풋살장 같은 운동 공간, 가족 단위로 이용하기 좋은 피크닉 마당, 숲속 놀이터까지 누구나 즐기기에 좋은 다양한 공간으로 구성되어 있다. 접근성이 좋으며, 공원에서 살짝만 더 올라가면 울창한 숲과 연결되는 장산 등산로 진입로가 있어 가벼운 등산을 하기도 좋다. 해운대 집라인 놀이터로도 유명한 반송공원은 아이들이 좋아하는 미끄럼틀, 해먹, 시소 등 다양한 놀이시설이 통나무로 만들어져 있다. 반려동물과 동행 시 목줄과 배변 봉투를 지참해야 하고 반송휴산림공원도 가까이 있어 함께 방문하기 좋다.

아이들과 많은 시간을 함께하고 싶다면 반송공원에 가자. 오늘따라 봄이 오는 소리가 들리는 것 같다. 김동환(1901～1958) 작시, 김동진(1913～2009)작곡 '봄이 오면' 가곡을 옮겨본다.

*봄이오면*

*봄이오면 산에들에 진달래피네*
*진달래 피는곳에 내마음도 피어*
*건너마을 젊은처자 꽃따러오거든*
*꽃만말고 이마음도 함께따가주*

*봄이오면 하늘위에 종달새우네*
*종달새 우는곳에 내마음도 울어*
*나물캐는 아가씨야 저소리듣거든*
*새만말고 이소리도 함께들어주*

*나는야 봄이되면 그대 그리워*
*종달새 되어서 말 붙인다오*
*나는야 봄이되면 그대 그리워*
*진달래 꽃이되어 웃어본다오*

반송은 소나무의 한 품종으로 나무의 생김새가 쟁반 같다 하여 붙여진 이름이다. 소나무과 소나무속에 속하는 상록 침엽 교목으로 소나무는 외줄기가 올라와 자라는 것에 비하여 반송은 밑에서부터 줄기가 여러 갈래로 갈라지는 것이 특징이다.(출처 : 한국민족문화대백과사전)

# 제18장 부산의 명소들

# 부산광역시

기장군
금정구
북구
동래구
해운대구
연제구
강서구
사상구
부산진구
수영구
동구
서구
남구
중구
사하구
영도구
조도
가덕도
대죽도

## ❂ 금정산 고당봉

금정산 고당봉은 801.5m로 부산에서 가장 높은 봉우리이다. 동북 방향으로 계명봉(601m)과 장군봉(727m)이 보이며, 남서 방향으로 상계봉(640.2m)과 백양산(642m)이 있다. 이 외에도 원효봉(687m)과 의상봉, 미륵봉, 파리봉(615m) 등 수많은 준봉들이 웅장하게 부산을 수호하고 있다.

부산에 살면서 수백 번을 올랐다. 젊은 시절 직장동료들과 봄가을 체육대회, 매주 토요일마다 금정산을 오르는 토요산악회, 일년에 한두 번 정도의 용마산악회 등 금정산 구석구석을 찾아 올랐다.

그 중에서도 가장 기억에 남는 것은 고향 친구들과의 모임으로 부산지역에서 주최한 용우회 모임을 금정산 남문에서 하였는데, 친구들과 어울러 가져온 푸짐한 안주와 막걸리, 소주에 취해서 아이들 중 한 아이가 사라진 사건이다. 모두가 깜짝 놀라 아이를 찾기 위해 온 산을 뛰어다니며 한참을 찾아서 헤매다가 케이블카 타는데서 겨우 찾아 서둘러 내려왔던 아이러니한 추억을 그 아이는 알고 있을까?

그 아이가 자라서 결혼을 하고 또 아이를 낳고 그 때의 긴박했던 순간들을 어떻게 기억할까 궁금해진다.

달빛 고즈넉한 저녁에 직장동료들과 야간산행을 하였다. 달빛에 부스러지는 나무그림자와 산사에서 댕그랑 그리는 풍경소리, 낙엽 밟는 소리와 가끔씩 짝을 찾아 나서는 산새소리가 적막을 깨고 흐른다. 함께하는 순간이 좋았고 산행을 마치고 내려와 산성막걸리와 여흥을 즐겼던 그 시절이 좋았다. 달빛 흐르는 밤 좋아하는 사람과 야간산행을 해보라!

고당봉을 오르는 최단거리 코스로는 범어사~북문~고당봉에서 인증샷하고 원점으로 회귀하는 코스로 약 3시간이 소요된다. 나무위키에 실린 금정산의 등산코스를 안내하고자 한다.

고당봉으로 가는 길에는 금샘이 있다. 산의 큼지막한 바위 머리의 움푹 패인 곳에 고인 물인데, 사진으로 보면 착시로 작아 보이지만 의외로 꽤 커서 둘레가 3m 정도 된다. 사람이 올라가서 같이 찍힌 사진을 보면 훨씬 커 보인다. 물이 그리 많지도 않고 그냥 고여있는 물일 뿐인데도 가뭄이 들어도 마르지 않는 것으로 유명하다. 이 금샘에 얽힌 설화에서 '금정산'과 금정구의 이름 금정(金井, 황금 우물) 및 5대 절로 손꼽히며 금정산의 동쪽 기슭에 위치한 범어사 이름이 유래하였다. 금정구의 캐릭터도 여기서 따서 금빛 물고기다.

금정산 석정(金井山石井) 【현 서북쪽 산정에 있다. 높이가 세 길 가량 되는 돌이 있는데, 그 위에 우물이 있다. 둘레가 10여 척, 깊이가 7촌 가량인데, 물이 항상 가득히 차 있어서, 비록 가물지라도, 마르지 아니하고 빛이 황금과 같다. 그 밑에 범어사(梵魚寺)가 있는데, 세상에 전하기를, "예전에 금빛 고기(金色魚)가 오색 구름을 타고, 범천(梵天)으로부터 내려와서, 그 가운데서 헤엄쳐 놀았으므로, 이 이름을 얻었다."고 한다. 】- 《세종실록지리지》

방송국에서 금샘에 고인 물의 성분을 조사해보았더니 빗물이

고인 물이라고 한다. 즉 지하수, 암반수가 솟아오르는 게 아닌데도 마르지 않고 물이 유지되는 이유는 산에 올라오는 안개 등으로 발생하는 결로 현상 덕분이라고 한다. 아무리 가물어도 부산 앞바다가 마를 일은 없으니 수분을 머금은 바람이 매일 꾸준히 유입되므로, 금샘은 천 년이 넘게 마르지 않는 샘물이란 전설이 계속 이어진 것이다.

날씨가 좋을 때는 대마도나 지리산 주봉인 천왕봉까지 볼 수 있다.

대도시에 있는 큰 산답게 등산로는 정말로 다양하다. 특히 북구와 금정구 일대에는 정말 등산로가 많아서, 심지어 요양병원 주차장 뒷편, 아파트 축대 위에도 들머리가 있다.

하지만 일반적으로 유명한 등산로는 범어사·금강공원·성지곡수원지·호포·화명동·만덕동·만덕고개를 들머리로 삼는 코스다. 대부분 인구밀집지역에서 가깝거나, 조금 떨어졌다고 해도 대중교통(특히 도시철도)으로 접근할 수 있다는 공통점이 있다. 양산(주로 다방면 계석마을)을 들머리로 삼아 오르는 코스도 있다. 산을 걸으며 양산시와 부산시를 넘나드는 것.

따라서 길을 잃을 염려는 거의 없으나 걷다보면 전혀 엉뚱한 곳에 도착하기도 한다. 이정표를 잘 확인해야 하는데 이정표가 틀린 경우도 적지 않다. 금정산 등산로가 전혀 관리되지 않기 때문에 생긴 일이다. 이해를 돕기 위해 쉽게 설명하자면, 국립공원에서 탐방로를 지정관리하기 이전의 북한산을 생각하면 된다. 길들이 복잡하게 얽혀 길을 잃고 헤맬 염려는 없으나, 길을 잘못 들어 엉뚱한 곳이 날머리가 되는 경우가 계속 일어났었다. 2023년 6월 기준으로 이정표도 알기 쉽게 설치되었다.

노산 이은상이 1955년에 출판한 시집 <<조국강산>>에서 '금정산'이란 제목으로 아래와 같은 시를 실었다.

돌우물 금빛고기 옛전설따라
금정산 산머리로 올라왔더니
눈앞이 아득하다 태평양물결
큰포부 가슴속에 꿈틀거린다

시에서 언급한 '돌우물 금빛고기'란, 금정산(金井山)이란 지명의 유래가 된 금샘(석정) 전설을 뜻한다.

## 금정산 범어사

금정산 중턱에 위치한 범어사는 신라 문무왕(678년) 때 의상대사가 창건한 것으로 알려져 있으며, 많은 문화재와 고승들이 수행 정진한 곳이기도 하다.

부산 시내에 있어서 접근성이 뛰어나며, 주말이면 등산객과 관광객들로 인기가 좋은 곳이다. 주변에 맛 집들과 카페가 즐비하여 숲을 바라보는 것으로도 힐링이 된다.

범어사는 선찰대본산으로 범어사의 홈페이지 소개를 보면 다음과 같다.

선찰대본산(禪刹大本山)은 마음의 근원을 구하는 수행도량이라는 뜻으로 참선을 통해서 마음속에 일어나는 갖가지 잡념과 망상을 쉬게 하고, 자신의 내면세계의 참다운 불성을 깨닫도록 하는데 그 의미가 있다.

구한말, 성월스님이 범어사 주지로 있을 때 범어사를 선찰대본산으로 명명하고 당대의 최고 고승 경허스님을 범어사 조실로 초빙했다.

범어사는 부산광역시 금정구 범어사로(구 청룡동) 금정산 동쪽 기슭에 위치한 사찰로 대한불교 조계종 제14교구 본사이다. 합천 해인사, 양산 통도사와 더불어 영남의 3대 사찰로 불리운다. 2012년 11월 사부대중의 수행정진과 화합을 바탕으로 지유대종사를 초대 방장으로 모시고 총림으로 지정되었다.

신라 문무왕 18년(678년), 의상대사가 해동의 화엄십찰(華嚴十刹) 중 하나로 창건하였다. 전국 사찰중에서 유일하게 국보 <삼국유사(三國遺事)>를 소장하고 있으며, 가장 오래된 판본 중 하나로 권4의 5편에 들어 있는 '의상전교(義湘傳敎)'에는 의상대사가 열 곳의 절에 교를 전하게 해 화엄십찰을 창건하는 내용이 나오고, 이 가운데 '금정지범어(金井之梵魚)' 즉 금정산 범어사가 들어있음이 언급되어 있다. 또한 <신증동국여지승람(新增東國輿地勝覽)>에는 금빛 나는 물고기가 하늘에서 내려와 우물에서 놀았다고 해서 산 이름이 금정산(金井山)이고 그곳에 사찰을 지어 범어사(梵魚寺)를 건립했다고 기록하고 있다.

화엄경의 이상향인 맑고 청정하여 서로 돕고 이해하고 행복이 충만한 아름다운 삶을 지상에 실현하고자 설립된 사찰로 범어사는 역사적으로 많은 고승대덕을 길러내고 선승을 배출한 수행사찰로 오랜 전통과 많은 문화재가 있는 곳이다. 의상대사를 비롯해 원효대사·표훈대덕·낭백선사·명학스님과 그 대에 경허선사·용성선사·성월선사·만해 한용운선사·동산선사 등 고승들이 수행 정진하여 명실상부한 한국의 명찰로서 그 역사적 의미를 지닌다.

1950년대 동산스님이 불교정화운동을 주도하였고, 이후 한국 근대불교를 이끌었으며, 총림지정 이후 조사스님들의 뜻을 받들어 수행공간을 지속적으로 확충하였다. 특히 2019년 범어사의 오랜 숙원사업인 선문화교육관과 2021년 전국사찰 최대 규모의 범어사 성보박물관의 대작불사를 완료하였다.

## ❂ 경륜장

마라톤이 붐을 일으키던 어느 날 부국마 회원들은 경륜장 둘레 트랙을 돌며 함께 땀을 흘리고 훈련을 하였다. 주변 주민들과 어울려 하나둘 장단을 맞추며 스트레스를 풀고 샤워를 하면서 허물없이 지내던 시절이 그리워진다.

처음에는 경륜장으로 알려졌으나 2010년부터 스포원으로 변경하여 지금에 이르고 있다. 경륜장의 면적은 약 8만8천평이며 종합스포츠센터로서 주민들의 휴식공간이다.

나무위키에 실린 내용을 소개하면 다음과 같다.

스포원파크는 2002 부산 아시안 게임을 위해 건설된 경기장이었다. 농구 예선경기와 테니스, 사이클 경기가 열렸다. 대회 종료 후에는 부산 시민에게 휴양시설을 제공하기 위하여 조성된 곳으로서 기존의 경기장과는 달리 '공원'과 '개방'의 개념을 도입한 '공원형 경기장'으로서 체육공원 중앙부에 주변환경에 부합할 수 있도록 수변 광장을 형성하고, 30m 높이의 음악 분수를 설치하는 한편, 주변에 잔디광장, 가족 산책공원, 녹지공원과 조깅코스, 자전거도로 등 시민을 위한 공원시설을 갖추고 있다.

기존의 실내체육관을 새롭게 리모델링하여 워터파크, 수영장, 키즈랜즈, 골프, 휘트니스 등의 시설을 갖춘 종합 레포츠 파크다. 실내 스포츠를 즐길 수 있는 스포츠센터를 비롯하여 풋살장, 족구장, 카트월드, 야구장, 축구장, 사이드롬(경륜장)등의 레포츠 시설과 탄생의 신비, 어린이 교통 나라, 안전체험장 등 교육시설이 결합한 새로운 테마공원이기도 하다.

남서쪽에는 부산의 주산인 금정산이 인접해 있고 동북쪽에 철마산과 거문산이 남쪽에는 개좌산이 자리 잡고 있는 등 체육공원 주변이 분지 형상을 이루고 있으며 일대가 상수원보구역과 개발제한구역으로서 자연환경과 녹지가 잘 보존된 쾌적한 환경여건을 갖추고 있어 시민의 건강과 휴식, 정서 생활 함양을 위한 명소이다.

차가 잘 안다니고 주차 공간이 많아 부산시 내 운전 연습 명소로 각광받는 곳이다.

## ❂ 금강공원 케이블카

참 많이도 타고 내리던 추억의 금강공원 케이블카이다.

등산이 보편화되기 전에는 케이블카를 타고 금정산을 오르면 부산을 한눈에 바라볼 수 있는 멋진 풍광과 남문까지 쉽게 갈 수 있어서 좋았다.

예전에는 금강공원 내에 동물원이 있어서 전국의 관광객들이 모이던 부산의 주요관광코스로서 주말이면 인산인해를 이루었다. 금강공원 입구에서 먹었던 동래파전과 막걸리가 그립다. 지금은 관리의 어려움과 운영난으로 폐쇄되어 볼 수 없어 아쉬움이 많이 남아 있다.

부산시설관리공단 홈페이지에서는 금강공원 케이블카를 다음과 같이 안내하고 있다.

일반적으로 로프웨이(케이블카)라 불리우며, 우리나라 최장(길이 1,260m) 으로서 복선이며, 1966년 9월에 개통되었습니다. 당초 금정산성 남문 근처에 조성 할 계획이던 종합위락단지의 수송편으로 설치되었다가 1972년부터 민간에서 운영하고 있습니다. 해발 540m 금정산 등성이까지 왕복 운행하는 것으로, 로프웨이를 타고 가다가 아래를 내다보면 공원일대 뿐만 아니라 시가지 전경의 트인 경관은 시원스럽고 아름답기 그지없습니다.

## 어린이 대공원

어린이 대공원 입구에는 주말이면 각종 모임 단체의 만남의 장소로 북적인다. 산행에 필요한 도구에서 간단하게 먹을 수 있는 김밥과 튀김 등 부산시민이 애용하는 곳이다.

1978년5월5일 세계 아동의 해를 맞이하여 어린이 대공원으로 명명되었으며 그 전에는 성지곡 유원지로 알려진 곳이었다.

2008년7월3일 문화재청 등록문화재 제376호(구 성지곡수원지)로 지정된 성지곡수원지에 대한 부산시설관리공단의 안내를 소개하면 다음과 같다.

구)성지곡 수원지는, 1907년 4월에 공사를 착공하여 2년 5개월 뒤인 1909년 9월에 준공되었습니다. 수원지 공사 착공 당시 부산인구는 4만 남짓이었는데 55,000명으로 인구가 늘어날 때를 대비하여 이 수원지를 만들었습니다. 수원지가 준공되면서 서면~수정동에 이르는 지역까지 수돗물을 급수하여 왔으나, 1971년 낙동강 상수도공사가 완공됨에 따라, 1985년 1월부터 모든 용수공급을 중단하고 현재는 호수 기능을 유지하고 있습니다. 수원지는 우리나라 최초의 콘크리트 중력식 댐이자 근대적 상수도 시설로, 규모는 74,712㎡이며, 저수량은 61만 톤, 제방길이 112m, 제방높이 27.88m, 수심22.5m입니다.

성지곡수원지는 상수도 확보의 유기적인 시스템인 집수와 저수, 침전, 여과지로 향한 도수로 등이 거의 원형 그대로 보존되어 있으며, 여수로는 당시 하류 거주 농민을 위한 수원공급을 배려한 것으로 당시 영국식 댐에서 볼 수 있는 특징을 가지고 있습니다. 수원지 내 거미줄처럼 포설한 집수수로(사방수로)를 따라 물을 모아 저수지 댐을 통해 물을 모으고 토사 등을 침전하기 위한 침전지는 침전지 댐으로 막아 그곳에 고인 맑은 물을 암거수로를 통해 여과지로 운반하는 전체적인 과정이 거의 그대로 보존되어 그 가치가 높습니다.

## 사직 운동장

부산사람들이 즐겨 찾는 운동장이다. 야구시즌에는 롯데 팬으로서 부산갈매기를 외치던 곳이고, 농구시즌에는 실내체육관을 찾는 사람들로 붐비는 곳이며, 평상시에는 사직운동장 보조경기장의 트랙을 돌며 운동을 하는 사람들로 붐빈다.

축구경기나 공연이 있을 때에는 종합운동장을 가득 채우며 암표가 성행하기도 한다. 봄가을 체육행사가 많이 열리기도 하는 사직운동장 보조경기장은 '용마한마음축전'이 개최되는 장소이기도 하다. 청명한 하늘아래 설레이는 기분으로 마음껏 뛰놀고 고함치던 곳으로 용마인의 우정을 다지던 시절이 늘 그립다.

부산광역시 체육시설관리사업소의 종합운동장을 소개하면 다음과 같다.

기존의 구덕운동장이 노후하고 협소하여 늘어나는 경기수요를 충족시킬 수 없을 뿐만 아니라, 우리나라 제2도시의 면모에도 걸

맞지 않는 체육시설의 부족성을 탈피하기 위하여 1979년에 종합운동장건립 기본계획을 수립하고 공사를 착수, 1986년 1월 체조체육관을 준공하고, 1985년 10월 국제규격의 초현대식 실내체육관과 야구장, 종합 실내훈련장(양정모 올림픽제패기념 체육관)에 이어, 1989년 2월 실내수영장을 준공 개장하였다.

이로써 이미 완공 개장하고 있는 테니스장, 궁도장과 함께 부산체육의 확고한 거점을 마련하였으며, 특히 2002년 아시아경기대회 개최 대비 현 종합운동장 메인스타디움을 1996년 3월에 착공하여 2001년도 9월에 완공하였다.

2002년 월드컵에서 4강 신화를 창조한 우리나라 축구국가대표팀이 48년만에 첫 승전고를 울린 감격과 감동의 무대가 된 아시아드주경기장은 2002년 FIFA 한·일 월드컵대회, 북한이 참가한 제14회 부산아시아경기대회, 제8회 아시아·태평양 장애인경기대회를 비롯하여 각종 국내·외 경기를 시민여러분과 함께 훌륭히 치러낸 유서 깊은 경기장입니다.

## 이기대

부산광역시 남구 용호동에 위치한 이기대는 해안절경을 감상할 수 있는 천혜의 관광자원으로 1993년에 개방되었다. 예전에는 군사작전지역으로 민간인 출입이 통제되었던 곳이다.

경남고교연합회 걷기대회에 초청되어 참석하였는데 용호동 새마을금고이사장이 직접 안내를 하여 설명을 듣고 바다를 조망하며 걷는 기분은 행복 그 자체였다. 해군회관에서 점심을 먹고 해산한 추억이 떠오른다.

또한 아지랑이 피어오르던 따스한 어느 봄날 용우회 친구 부부 모임에서 오륙도스카이워크와 오륙도를 구경하며 사진을 찍고 추억을 다지며 해안을 걸었던 기억이 새롭다. 몇몇 친구들은 암으로 투병 중에 있어 그때의 건강한 모습을 되새기며 빨리 회복되기를 바란다.

아무튼 이기대는 많은 사람들이 찾는 관광지 겸 등산코스이기도 하다.

나무위키에 실린 이기대의 상세내용은 다음과 같다.

약 8천만 년 전 안산암질 용암이 분출하여 형성된 화산지형이다.

명칭 이기대(二妓臺)는 임진왜란 당시 왜군들이 수영성을 함락시키고는 부근의 경치 좋은 이곳에서 술판을 벌였는데 기생 두 명이 왜장을 술에 취하게 한 후 끌어안고 절벽 아래 바다에 뛰어내렸기에 거기서 따서 지은 것이라고 한다. 2013년에 두 기생 추정 무덤을 찾았다는 기사가 났었다. 장소는 다르지만 논개의 이야기와도 거의 같은 이야기.

문화부가 지정한 동해안 탐방도로 해파랑길의 초입부로 오륙도 해맞이 공원이 해파랑길 출발점인 만큼 이기대는 자연스레 해파랑길 1구간에 해당한다. 또한 갈맷길에서 가장 경치가 좋은 곳으로 손꼽힌다. 갈맷길은 꾸준히 확장하고 있는데 오륙도-이기대-

광안리 코스는 2-2구간에 해당한다.

오륙도 스카이워크부터 시작해서 이기대를 걷는 해안산책로가 오륙도-농바위-어울마당-이기대-동생말 경로로 4.6km 이어져 있는데 말 그대로 바위 절벽에 구름다리와 울타리로 길을 낸 곳이라 경치가 좋다. 이곳에서 바라본 광안리, 해운대구 일대(광안대교, 동백섬, 마린시티 등)의 스카이라인을 찍기 위해 사진가들도 많이 찾는다.

태종대와 비교해 각종 편의시설, 표지판과 지도, 급수대, 화장실 등이 부족한 편이기에 산책하는 기분 삼아 홀몸으로 가볍게 나섰다간 후회하기 딱 좋다. 차량들이 다니는 도로는 공중화장실이 설치되어 있으나 해안절벽을 따라 이어지는 데크산책로의 경우 지형 특성상 산길도 많고 특히 계단이 엄청 많으니 그냥 바다 절벽 옆으로 가벼운 등산을 한다고 생각하고 어느 정도는 준비해야 한다. 샌들 신고 왔다가 발 아파서 얼굴 일그러진 관광객들 꼭 있다.

오륙도 해맞이공원에서 신선대 유원지까지 2.9km 갈맷길이 이어지는데, 해안산책로만 주파하는 데 3시간도 넘게 걸린다. 당연히 절경마다 일일이 인증샷 찍고 쉬엄쉬엄 놀아가면서 주파한다면 4시간도 순식간에 지나간다. 다음 목적지까지 동선을 미리 계산하고 움직이는 편이 좋다.

가다 보면 중간 정도에 매점이 딸린 너른 자갈마당이 나오는데, 이곳에서 영화 해운대를 촬영했었고, 이를 알리는 표지판도 서 있다. 근처 분포초등학교에서는 매년 한마음 걷기대회를 개최하는데, 최종 목적지 겸 반환점이 바로 여기다.

영화 해운대에서 최형식(이민기)가 김희미(강예원)의 기분을 풀어주기 위해 야경을 보러 데려간다. 이기대 이름의 유래도 대강 설명해준다.

적도의 남자에서도 이곳에서 촬영한 장면이 있다.

스노우레인 2의 데이트 장소 중에 이곳이 있다.

## ◎ 광안리 해수욕장

추억이 많은 곳이다. 횟집, 술집, 카페 등 다양한 먹거리와 볼거리가 있어서 젊은이들이 많이 찾는 핫플레이스다. 봄이면 벚꽃들과 어울린 어방축제가 관광객을 유혹하며, 가을이면 불꽃 축제로 전 국민의 사랑을 받는 명소로 유명하다.

최근에는 주말마다 광안대교를 배경으로 드론쇼를 선보이고 있어서 더 많은 청춘남녀와 여행객들이 모이는 곳이다. 도시철도 광안역에서 도보로 이동이 가능하고 접근성이 뛰어나 사시사철 인산인해를 이룬다.

부산광역시 시설관리공단의 안내를 살펴보면 다음과 같다.

광안리해수욕장은 해운대해수욕장과 함께 부산을 대표하는 해수욕장으로 해양수산부 자료에서 한국인이 많이 찾는 해수욕장 3위를 차지했다.

부산광역시 수영구 광안동 소재이며, 해수욕장 좌우의 끝쪽은 남천동과 민락동에 속해있다. 해변 맞은편에는 부산의 랜드마크 광안대교가 자리잡고 있다.

광안리해수욕장의 상세 내용으로 모래사장의 총면적은 82,000㎡, 길이는 1.4km, 폭은 25m ~ 110m 이며 해마다 8월이면 부산 바다축제, 11월의 부산불꽃축제를 이곳에서 한다. 이 때의 광안리는 바가지 천국. 스타크래프트 프로리그 대회도 2004년부터 2010년까지 매년 치러지는 장소였으며, e스포츠인들 에게는 인지도 있는 해변. 이런 특징들 덕분에 장충체육관, 서울어린이대공원, 올림픽공원, 사직실내체육관, 인천삼산월드체육관, 염주종합체육관, EXCO, BEXCO, 잠실실내체육관, 서울특별시교육청 학생체육관, KINTEX와 함께 야외 e스포츠 장소의 메카로 떠올랐다.

2022년에는 빅데이터에서 해운대해수욕장을 제친 것으로 나타나기도 했다. 광안리에 대한 시선이 바뀐 것은 2003년 광안대교 완공 때부터다. 7420m에 걸친 바다 위 다리의 장관을 보기 위해 사람들이 다시 광안리로 모여들었다. 여기에 광안리 특성을 살려 보드 위에서 노를 젓는 패들보드(paddle board) 특화지구 조성을 추진했다. 아침엔 바다 수면 위 보드에 앉아 요가를 하고, 저녁엔 노을을 감상하게 하자는 것이었다. 이게 전국 서핑족에게 제대로 먹혔다.

이곳의 특징으로는 온통 호텔과 식당, 유흥업소 일색인 해운대와 달리 해변 주변은 주로 주택가로 형성되어 있으며 1990년대까지만 해도 상권은 광안 회센터 근처에 많이 몰려있었다. 2000년 들어서 광안대교가 개통해 특유의 경치가 완성되면서 입소문이 퍼져 해변 전역에 카페가 늘어나고 상권이 바글바글해졌고 해변 주위가 재개발되었다. 최근에는 식당들과 호텔들도 많이 들어섰다.

여름철에는 항상 해운대에 밀려 입장객 수에서 콩라인을 유지하고 있다. 해수욕하는 인원이 그렇게 많지는 않은데 부산시가 해운대에 비해 그렇게 많은 지원을 하지 않는 인상을 준다. 모래사장에도 자갈이나 딱딱한 돌들이 간혹 있는 것으로 보아 모래사장 품질도 그렇게 좋지는 않다. 이쯤 되면 부산시는 본래의 목적인 해수욕 대신 거의 행사용 해변으로 용도를 잡고 운영하는 듯하다.

이는 해운대와 달리 광안리는 해수욕장으로서 기능을 먼저 잡고서 발전한 곳이 아니기 때문에 나타난 결과이다. 일제강점기 때에 부산의 대표 해수욕장은 송도해수욕장이었고, 해운대는 당시 교통 수준으로는 너무 외곽지역이라 21세기의 명성에 비하면 상대적으로 듣보였으나 그래도 조선팔경으로 꼽힐 정도였던데다 온천까지 있는 등 교통 문제만 해결되면 휴양지로 엄청 발전할 것으로 기대되는 곳이었다. 그리고 동해남부선 철도 개통으로 이는 현실이 되었다.

광안리는 애초부터 휴양지로 개발될 것을 목표로 해수욕장을 개장한 곳이 아닌 어촌에 해수욕장 기능을 부가적으로 추가한 것이다. 때문에 지금도 민락동에는 아직도 꽤 큰 수준에 어항(漁港)이 있고, 남천동에는 1990년대까지 해수욕장과 바로 붙어있는 쪽에 어선 선착장이 있었다. 현재 해운대에 있는 어항(漁港)인 미포항과 광안리의 민락포구와 비교하면 그 규모 차이가 엄청 나는데, 일제강점기 전까지는 광안리와 해운대가 같이 어촌이었으나, 광안리가 어촌으로서 성격을 더 오래 유지했기 때문이다. 1990년대 초반에는 민락포구에 어민들이 직접 좌판을 깔고, 그 날 잡아온 물고기를 팔기도 했다.

도심 속에 위치한 붐비는 해변임에도 불구하고, 생태계가 잘 구축되어 있다. 어민들이 괜히 해수욕장 개장 이후에도 떠나지 않고, 어업을 하는 데에는 이유가 있다. 광안리 해변에서는 점성어와 문어, 보리멸, 장어, 도다리가 나오고, 민락어항 쪽으로 자리를 옮기면 갈치, 개상어, 전갱이 우럭, 놀래미, 학공치, 등이 잡힌다. 단순히 잡힌다가 아니라 점성어는 미터급도 나오고, 우럭은 40cm급 개우럭도 나오는 수준. 도심 속 해수욕장이란 걸 생각하면, 어자원이 상당히 풍부한 곳이다. 다만 해수욕장 쪽은 낚시 금지이다.

노무현 전 대통령이 변호사 시절 광안동 옆동네의 남천동의 남천 삼익비치 아파트에 거주하기도 했었다. 1980년대 당시의 대연삼익비치, 남천 삼익비치, 남천 삼익타워아파트는 부산 최고의 부촌으로 통하던 아파트였다.

역사를 살펴보면 광안리는 본래 해수욕장이 아닌, 멸치 등 고기잡이를 하던 어촌이었다. 그러다 일제강점기 때에 이르러 여름 방학이 될 무렵 학교에서 학생들에게 수영을 가르치고, 심신을 단련시키기 위한 공간으로 사용되었다. 즉, 휴양지로서 시작된 곳이 아니라 동네 앞바다를 수영장으로 활용하기 시작하던 것에서 해수욕장으로 발전한 것이다. 이후에 송도와 해운대에 몰리던 해수욕객들이 광안리에도 해수욕객이 모여들기 시작하였고, 이후 점차 다른 지역에서도 피서객이 모여들자 1950년대에 해수욕장으로 정식 개장한다.

특히 바로 옆에 있던 수영해수욕장이 수영비행장 공사 등으로 점차 작아지면서, 반대급부로 광안리해수욕장이 커지기 시작한다.

이 과정에서 광안리의 개성이 나타나게 되는데, 바로 주택가와 해변가가 혼재되기 시작한 것이다. 위에서도 적었듯이, 처음부터 휴양지로 개발된 것이 아니라, 주택가 주변에 있는 해변가에 해수욕장 기능을 부여한 결과였다.

특히 70년대를 기점으로 수영구가 개발되면서 인구가 몰려들자, 광안리는 접근성이 좋은 주택가 주변의 해수욕장이 되어갔다.

그러다가 본격적으로 광안리가 현재의 모습으로 변화하게 되는 일이 벌어지는데, 바로 간척사업이다. 1970년대부터 광안리에 간척사업이 시작되었고, 이 과정에서 남천동에 있던 중골산을 없앤 후에, 이 과정에서 얻은 흙으로 남천동과 민락동에 간척사업을 시작했다.

이 과정에서 남천동에는 1980년대 최고의 부촌 중 하나인 남천 삼익비치가 들어섰고, 민락동은 재래식 어항과 구시대적 횟집이 가득했던 어촌을 없앤 후에 현대적 어항과 민락회센터, 민락회촌, 민락회 타운의 부지를 확보한다. 이 부지를 확보하면서 80년대를 거쳐 90년대 초반에 이르러서는 구시대적 시설은 거의 사라지고서, 현대적 수산시설을 확보를 완료한다. 이 과정에서 지금 광안리 해수욕장의 명소인 민락수변공원도 완성된다.

그렇게 90년대를 거치면서 지금의 광안리 해수욕장의 모습이 되었는데, 여기에 광안리 해수욕장의 가치를 크게 높이는 일이 벌어진다. 바로 광안대교 건설. 1995년부터 시작된 광안대교 공사가 2003년 개통된다. 이와 동시에 해운대와 크게 차별화할 요소를 확보한 광안리해수욕장은, 이전에는 음식점들을 중심으로 한 지역민의 공간에서 전국구 해수욕장으로 크게 성장하게 된다.

광안리해수욕장의 수질을 살펴보면 1980~90년대의 광안리를 기억하는 사람들은 광안리의 수질에 대해서 좋은 이야기를 하지 않는다. 이는 1970년대에 주택가가 대거 건설되면서, 여기서 나오는 생활하수를 그대로 광안리 바닷가로 흘려보냈기 때문이었다. 지금의 남천해변공원과 광안리해양스포츠센터 위치에 하수펌프장이 들어서기 전에는, 바다로 바로 흘러가는 생활하수를 볼 수가 있었다. 이 때문에 광안리해수욕장의 수질은 크게 안 좋은 편이었고, 특히 태풍이 한 번 몰아치고 나면 온갖 쓰레기가 바닷가에 둥둥 떠다닐 정도였다.

이러한 광안리 수질에 큰 변화가 생기는 일이 생기는데, 바로 하수처리시설을 설치하게 된 것. 수영구에는 광안리로 흘러드는 하수를 처리할 방법이 없었는데, 여기에 펌프장을 설치해서 하수를 용호하수처리장으로 보내게 된 것. 이를 기점으로 광안리의 수질이 크게 좋아지게 된다. 하지만 펌프가 망가지거나, 폭우로 수용선 이상의 하수가 펌프장으로 몰려들면 하수가 바다로 넘쳐 흘러갔다. 이전보다는 수질이 크게 좋아졌지만, 특정 상황에서까지의 수질은 보장하지 못한 것.

이 때문에서 지속적으로 펌프수용용량을 증가시키고, 펌프방식을 바꾸어 우수와 오수가 섞이지 하는 공사도 진행 중이며, 2015년에는 부산 지역 해수욕장 수질 관리에 5,819억 원을 투입하는 등, 지속적인 관리로 광안리의 수질은 1980~90년대에 비교하면 크게 좋아졌다. 2011년부터는 광안리에 맛조개가 다시 돌아올 정도이다.

광안리해수욕장을 즐기는 법은 주변은 상당히 잘 개발되어 있어 해변가에 식당과 카페 등이 즐비하다. 그리고 동쪽 해안으로 가면 횟집이 즐비하며 조금 더 걸어가면 민락수변공원과 회센터가 있다. 이곳에서 회를 사와서 해변가에서 먹어도 좋다.

때문에 현재 광안리와 해운대의 숙소를 비교하면 광안리에는 고급 숙소는 극히 적고, 1990년대까지는 그 차이가 더 심했다. 애초에 외지사람보다는 부산 사람들이 자주 가다보니, 숙박보다는 식사를 중심으로 발달할 수밖에 없는 곳이었다. 그러다가 광안리가 외지 관광객들에게 본격적으로 알려지게 된 21세기 들어 광안대교가 생기면서 해변 뷰가 다른 해수욕장과 차별화되고 이런저런 행사를 하게 되면서, 광안리에도 외부 관광객이 몰리자 숙박업소가 증가하게 된다.

이러한 배경 때문에 아직도 광안리는 고급 숙소보다는 게스트하우스 같은 중저가 숙소가 많다. 물론 해운대에도 중저가 게스트 하우스가 있지만, 바다가 보이는 위치는 고급 호텔들이 거의 독식하고 있다. 반면에 광안리의 게스트 하우스는 바다를 볼 수 있는 곳이 아주 많다. 원래 고급호텔이 많이 없다보니, 보통 고급 호텔이 차지하고, 중저가 호텔은 꿈도 못꾸는 오션뷰(ocean view) 위치를 중저가 숙소가 차지할 수 있었던 것이다. 다만 지금은 광안리에 빠른 속도로 고급 호텔들이 들어서고 있다. 이 과정에서 기존의 호텔들은 자리를 잃고 폐업하거나, 지위를 잃어가고 있다. 동시에 장급여관들은 거의 퇴출되었으며, 게스트하우스 역시 재건축으로 주거지역으로 빠져나가 그 수가 줄고 있다. 높은 건물이 적었던 광안리가 해운대처럼 고층 건물이 늘어선 모습으로 바뀌어 가고 있다.

광안리가 휴양지로서 개발된 것이 아니라는 것을 보여주는 흔적이 또 있다. 해운대와 달리, 광안리는 주거지역이 바닷가와 바로 붙어있다는 점이다. 해운대는 바닷가에 숙소가 있고, 그 뒤에 해운대 시장이나 쇼핑센터 같은 상업지구가 있고 그 뒤에 주거지구가 있다. 이에 반해 광안리는 바다 앞에 바로 보이는 바닷가에 주거시설이 숙박시설과 음식골목이 바로 붙어있고 해운대라면 쇼핑시설이 있을 위치에도 주거시설이 있다. 우선적으로 주거시설이 유지되어 있는 상태에서 상업시설이 들어오다보니 서로 섞여 있게 된 것이다.

젊은 청년들이 버스킹을 많이 하기도 하고 각 나라에서 온 관광객들, 그리고 주변이 주택가가 많다보니 운동이나 산책을 하러 나온 시민들이 많은 곳이기도 하다.

실제로 부산 시민들은 '해수욕을 즐기기 위해서'라면 전국에서 피서객이 모여 바글바글 하다못해 콩나물시루같이 빽빽한 해운대보다 조금이나마 한산한 광안리를 더 많이 찾는 편이다. 대신 해수욕이 목적이 아닌 헌팅/놀이/눈보신(?)등을 목적으로 한 젊은이 민폐 손님들은 해운대로 간다. 사실 며칠 일정으로 관광을 왔다면 호텔이 많은 해운대가 좋겠지만, 그냥 당일치기로 놀러온 거라면 주변에 식당이나 놀 곳이 많은 광안리가 훨씬 낫다.

## ❂ 수영사적공원

도시철도 수영역에서 하차하여 도보로 10분정도 걸어서 도달할 수 있으며, 이곳저곳 구경거리가 많은 팔도시장을 지나서 이면도로에 위치한다.

고즈넉한 도심속 공원으로 너무나 한적하여 사색을 즐기기에 좋은 문화적 공간이다.

위키백과에 실린 수영사적공원을 소개하면 다음과 같다.

수영사적공원은 경상좌수영성지와 수영성 남문 내외에 조성된 부산광역시의 공원이다. 수영 사람들의 혼이 담겨있는 역사와 교육의 장으로 부산의 해양민속을 한자리에서 볼 수 있는 대표적인 문화유적 공원이다.

이곳은 수영교차로에서 북쪽으로 200m 거리에 있는 조선시대 동남해안을 관할했던 수군군영인 경상좌도수군절도사영이 있던 자리로 수영이란 지명도 수군절도사영의 준말이었는데 현재의 지명으로 굳어졌다.

공원 안에는 시 지정 유형문화재인 경상좌수영성 남문, 시 지정 기념물인 25의용단을 비롯한 수영야류 등 무형문화재 3종, 좌수영 성지 곰솔, 푸조나무 등 천연기념물 2종, 안용복 장군 사당 등 비지정 문화유적 5종이 있으며, 이를 보존·관리하고 있는 (사)수영고적민속예술보존협회가 있다.

뒤로는 산세가 수려한 금련산이 있고 앞으로는 광안리해수욕장이 있어 전형적인 배산임해의 명승지이다. 조선시대에는 경상좌도 수군절도사영이 있어 군사적으로 대단히 중요한 지역이었다. 수영이란 지명도 수군절도사영의 준말이었는데 현재의 지명으로 굳어졌다.

수영공원은 조선시대 남해안의 4군영을 관할했던 수군총괄 군영인 경상좌도 수군절도사영이 있었던 자리로써 현재는 성은 없고 성지 관련 유적만 수영공원에 남아 있다. 이 공원 안에는 25의용단을 비롯한 사당 및 충혼탑 유형문화재 3종과 수영 야류 등 무형문화재 3종, 수영동 곰솔, 푸조나무 등 천연기념물 2종, 안용복장군 충혼탑 등 비지정문화재 5종이 있으며 이를 보존하고 관리하는 수영민속예술관이 있다.

특히 왜인들에게 독도가 우리땅임을 확약받아온 안용복장군 충혼사당 및 충혼탑을 비롯하여 송씨할매당, 할배당 등 수영 사람들의 혼이 담겨있는 역사와 교육의 장으로 부산의 해양민속을 한자리에서 볼 수 있는 대표적 문화유적 공원이다.

## 송도해수욕장

부산광역시 서구 암남동에 있는 해수욕장으로 해운대해수욕장과 광안리해수욕장이 유명해지기 전에는 부산의 명품 해수욕장이었다.

90년대 야타족이 유행하던 시절 서울사람들이 짐을 풀고 2시간이 지나면 순진한 부산아가씨들이 꼬여 넘어갔다고 한다. 그 정도로 뛰어난 송도의 아름다운 풍광과 서울사람들의 말솜씨가 송도해수욕장을 대변한다.

나무위키에 실린 송도해수욕장을 소개하면 다음과 같다.

부속 시설들로 송림공원, 스카이워크, 송도해상케이블카 등이 있다. 백사장 규모는 길이 800m, 너비 50m, 평균 수심 1~1.5m.

부산광역시의 첫 손에 꼽히는 해수욕장이었지만 수질 악화, 백사장 유실, 태풍 피해, 해운대해수욕장 등의 경쟁자 부상 등의 이유로 점차 부산광역시에서 아오안 취급받는 해수욕장으로 변했지만, 2000년대 정비 사업을 거쳐 다시 떠오르는 부산광역시의 관광 명소가 된 해수욕장이다.

일제강점기인 1912년 착공해 1913년 7월 개장한, 한국에서 현존하는 가장 오래된 해수욕장으로 2013년에 개장 100주년을 맞았다.

일제강점기에 조선에 들어온 일본인들은 일본의 삼경(三景) 중의 1곳인 미야기 현 '마쓰시마(松島)'를 떠올려 이와 유사한 한국의 해안 절경에 일본의 지명을 이식했는데, 부산의 송도해수욕장도 그렇게 붙여진 명칭일 가능성이 매우 높다. 일본인들이 부산에 처음 거류지를 마련한 뒤 부산 서구 암남반도 인근 해안에 소나무를 식재하고 이 일대를 송도해수욕장이라고 명명했다.

부산광역시의 원도심(남포동, 자갈치시장)에서 가까운 곳에 있기 때문에 교통 체증만 없으면 버스로 단 10분 만에 이동이 가능하고, 걸어서도 30분 정도 만에 갈 수 있다. 20세기에 서부산권에서 거주한 사람이라면 누구나 기억을 가지고 있을 오래된 명소이기도 하다. 그러다가 광안리해수욕장, 해운대해수욕장 등 동부산권에 좀 더 크고 깨끗한 해수욕장이 개발되면서 점점 쇠락하였으나, 2000년대에 대대적으로 개선 사업을 하였다. 이후 2003년 태풍 매미로 인해 해수욕장이 막장 상태가 되자 대대적으로 부산 송도해수욕장을 정비하고 보수 및 개발을 하여 2007년 현재의 모습에 이르렀다고 한다.

사실 해운대가 현재의 지위를 차지하기 전에는 부산 최고의 휴양지였다. 원도심에서 가까워 접근성이 좋다 보니, 가장 먼저 개발된 곳이었기 때문이다. 부산 송도가 부산에서 제일 먼저 개발될 수 있었던 이유로는 부산 송도에서 가까운 남포동, 광복동 지역에 개항 이후 일본인 전관거류지가 있었다는 점도 있다. 이 때문에 많은 일본인들이 별장을 세웠고, 호텔과 여관도 성행을 했다.

원래 이들이 즐겨 찾던 곳은 인근에 남빈해변(현 자갈치시장 일대)이었다. 하지만 항만 기능이 확충되고, 일본인 거주 지역이 신창동, 부평동, 부민동 등 보수천 일대로 시가지가 확장되면서 각종 생활 오폐수가 남빈해변으로 흘러들었다. 그로 인하여 남빈

해변이 물놀이를 하기는 적합하지 않게 되자 일본인들은 새로운 대안을 찾았는데, 그 결과 부산 도심에서 가까우면서 천혜의 자연 경관을 가진 부산 송도가 자연스레 주목을 끌었다.

당시에는 부산 시내에서 부산 송도를 오가는 방법이 산길이었던 현재의 부산 송도 윗길 혹은 남포동 해안에서의 배편밖에 없어 불편하였지만, 일본인 민간 유지들은 1922년에 '송도유원주식회사'를 설립하면서 개발을 본격화했다. 현재도 남포동과 부산 송도를 잇는 길로 구불구불한 '송도윗길'과 직선화된 큰길인 '송도아랫길'로 대별되어 불린다. 이후 구름다리, 여관, 휴게소, 다이빙대 등의 부대시설이 갖춰지면서 1930년대에 이미 성수기에는 하루 수 만 명이 찾는 전국 제일의 해수욕장으로 명성을 얻게 된다. 편리한 위락 시설과 빼어난 경치, 부산 시내와 가까운 지리적 이점 덕에 많은 저명인사가 부산 송도를 찾았다. 1934년 근대적 숙박 시설인 송도호텔이 개업하고, 언덕 위에 많은 요정이 들어서면서 부산 송도는 해수욕장으로서만이 아니라 경치와 풍류를 즐기려는 자들이 사시사철 들르는 유원지이자 각종 모임과 야유회가 개최되는 장소였다. 신혼여행지로도 으뜸이었다.

6.25 전쟁 때는 부산에 임시 수도가 마련되면서, 당시 정계, 재계, 문화예술계의 저명인사들이 부산 송도에 거처를 마련하거나 자주 방문했다. 정치인 이승만, 이기붕, 박순천, 시인 모윤숙 등의 별장이 부산 송도에 있었다.

2000년대의 정비 사업 이전의 부산 송도해수욕장은 모래사장 너비도 좁고 깨끗하지 않는 오염된 듣보잡 해수욕장과 다름없었다. 이후에는 태풍 매미로 인하여 완전히 유실된 후 정비 사업이 이루어져 상전벽해가 되어버렸다. 원래는 부산 송도해수욕장 위쪽과 아래 쪽이 바다로 아예 분리되어 있어서 각각 1사장, 2사장으로 불렸고 왕래하려면 좁은 1차선 도로를 통해서 왔다갔다 해야 했는데, 정비 사업을 통해서 도로가 넓게 확장되었다. 해수욕장 바닷 속에 조각 작품도 여러 개 설치되었다.

광안리와 해운대에 비하면 인기가 많이 없지만 그래도 여름철에는 피서객들로 인하여 송정해수욕장처럼 사람들이 제법 찾아오는 편이다. 광안리, 해운대, 송정이 동부산권의 대표적인 해수욕장이라면 부산 송도와 다대포해수욕장은 서부산권의 대표적인 해수욕장이다. 명실상부 부산에서 가장 오래된 해수욕장으로 그 위상을 되찾은 셈.

광안리와 해운대보다 인기가 적은 이유는 서부산권 대부분 지역의 관광지가 적은 데다 서부산권은 사상공단, 녹산공단, 지사산단, 화전산단, 신평공단 등으로 인해 산업단지로 유명하기 때문이다. 게다가 2000년대 들어 동/서부산 간 불균형 발전도 한 몫 한다. 그래도 일광해수욕장과 임랑해수욕장보다는 인기가 많다.

주변에 다양한 숙박 시설과 음식점 횟집 등이 있으며 구름다리, 산책로, 보트장, 주차장 등 편의시설이 잘 갖춰져 있다. 해수욕장 중앙에는 인공 폭포가 조성되어 있다. 해수욕장 양 끝 부분에는 해수욕장관리사무소를 겸비한 화장실과 세면 시설이 구비되어 있으며, 여름바다축제 기간 때에는 백사장 근처에 노점상도 들어선다. 2017년 7월부로 해변 우선에 오토캠핑장이 완공되어 운영에 들어갔다.

해수욕장 위쪽 끝 부분에는 방파제와 송도해안산책로 방면으로 이어지는 도로가 있으며 인근 주민들의 산책 코스로 매우 각광받고 있다. 이 인근 도로는 정비 사업을 통하여 해수욕장 인근에 산책로를 새로 조성하여서 부산 갈맷길의 일부가 되었다.

송도해수욕장 앞바다에는 조그마한 바위섬이 있는데, 과거에는 맞은 편 조그만 언덕 위에 있는 구름다리로 연결되어 있어 송도의 대표 명물로 자리 잡았었다. 송도해수욕장 방문객들이 구름다리 위에서 발을 굴려 다리를 출렁이며 흔드는 모습을 흔히 목격할 수 있었다. 현재는 태풍 셀마 이후 안전 문제로 철거되고 재정비 이후 최근 콘크리트로 만든 견고한 연륙교가 만들어졌다.

### ◎ 다대포해수욕장

봄가을 해마다 두 번씩 국제신문 주최 마라톤대회가 다대포해수욕장의 넓은 백사장에서 열렸다. 다대포해수욕장에서 출발하여 낙동강하구언 경유 르노삼성자동차를 반환점으로 돌아오는 코스로 1만 여명의 참가자들이 달리기경주를 즐기며 시원한 낙동강

바람과 땀으로 범벅된 자신과의 싸움에 사투를 벌인다.

한표는 부국마 회원으로 마라톤에 참가하여 동료들과 우의를 다지며 따뜻한 국세청을 위한 홍보에 일조를 하였다. 소금기가 가득한 얼굴과 땀을 흘리며 완주한 후 마시는 막걸리 한잔은 꿀맛으로 비교해도 부족함이 없었다.

나무위키에 실린 다대포해수욕장을 소개하면 다음과 같다.

명칭 다대포(多大浦)는 "크고 넓은 포구"라는 뜻이다. 낙동강의 토사가 퇴적되어 만들어진 해수욕장으로 동해안의 느낌이 강한 해운대해수욕장, 광안리해수욕장, 송정해수욕장, 송도해수욕장 등 부산의 다른 해수욕장과 비교해 분위기가 상당히 다르다. 서해와 남해에 있는 해수욕장의 특징과 같이 백사장 면적이 상당히 넓고 갯벌에 소라와 게, 맛조개도 많이 살고 있으며 수심도 얕아서 수백미터를 가도 성인 남성 기준 허리 깊이까지밖에 오지 않는다. 덕분에 바다 인접한 곳에 있는 역임에도 불구하고 다대포해수욕장역의 승강장은 지하 2층에 있으며 심도가 깊지 않다.

아마도 해수욕장에 갯벌이 조성되어 있는 곳은 부산에선 여기가 유일할 것이다. 조수간만의 차가 커서 밀물과 썰물때의 갯벌면적이 상당히 차이가 난다. 썰물때 일몰 사진을 찍으면 그야말로 절경 수준.

그러나 낙동강 하류 최남단 지역에 있어 최근에는 수질이 심각하게 나빠져 수영금지가 걸릴 때도 많다. 낙동강하굿둑이 생기면서 강물의 자연스러운 유입이 막혀 수질은 갈수록 나빠졌고 과거에 비하면 순수한 해수욕장으로서의 기능은 점점 잃어가는 추세이며 물놀이보다는 다대포 꿈의 낙조분수나 일몰, 갯벌체험, 수변공원 산책, 사진촬영, 몰운대트레킹, 낚시포인터로 더 알려지고 있다.

다대동에 거주하는 주민들은 거의 다대포로 산책 나오는 것이 다반사이다.

백사장이 넓고 해안사구가 발달해 사구에서 작게 미끄럼을 타고 간조 때는 사막처럼 연출된 사진을 찍을 수도 있을 정도다. 멋진 일몰을 볼 수도 있어 사진작가들을 포함한 시민들이 상당히 많이 찾는다. 부산 바다 중에서 가장 아름다운 일몰을 볼 수 있는 곳이다. 해수욕장 근처에 아미산전망대도 있어서 일몰을 감상하기엔 최적의 장소이다. 더불어 부산 송도(암남공원 일대), 태종대, 이기대, 해운대, 광안리, 오륙도, 장산, 금정산, 황령산, 백양산과 같이 부산국가지질공원으로 조성되었고 아미산전망대 2층에는 현재 공사 중이지만 지질공원 전시관이 있다.

다대포 꿈의 낙조분수는 공원 쪽에 있는 음악분수이다. 낮에는 바닥분수로, 밤에는 음악분수로 가동한다. 세계 최대 규모의 바닥분수라고 알려져 있는데, 분수 바닥지름이 2,519제곱미터, 분수 노즐이 1,046개, 조명이 1,148개에 최고 물높이가 무려 55m에 달하는 분수로 국내 최대 규모로 인증되었으며 기네스북 등재를 신청한 상황이라고 한다. 7시마다 비가 올 때도 했지만 코로나19

로 인해 미가동 상태였다가 2022년 현재 다시 시작했다.

의외로 오래된 지명으로, 일본서기에서 이사부가 3개월 동안 신라군을 이끌고 머물며 왜군을 위협한 다다라 벌판(多多羅原)을 다대포로 보고 있다. 조선시대에는 다대포진이 있어 국방의 요충지였고 임진왜란 당시에는 이곳에서 다대포 전투가 벌어지기도 했다. 1983년 12월 3일에는 여기로 침투하던 2명의 북한 무장간첩이 국군정보사령부 요원들에게 체포되는 다대포 무장간첩 침투사건이 벌어졌었다.

예전에는 부산 국제 록페스티벌이 이곳에서 열리기도 했는데 인근 아파트단지 소음공해 문제로 인해 2011년부터 개최지를 사상구 삼락동 삼락생태공원으로 옮겼다. 그 유명한 오버킬 참사가 벌어진 게 이 다대포해수욕장에서 열렸을 때(2009년)의 일이다.

여름에는 서핑으로도 유명하다. 부산의 다른 해수욕장이 해수욕객과의 충돌을 막기 위해 해수욕 시즌에는 서핑 등의 레저활동을 금지하거나 협소한 구간에서만 서핑을 허용하는데 비해, 다대포해수욕장은 위에서 말한 특성 덕분에 일반 해수욕객들의 공간과 서핑 장소가 완전히 떨어져 있다. 덕분에 여름에도 해변 전체에서 서핑하는 것이 가능하다. 갯벌 지형으로 인한 완만한 경사 덕분에 파도가 급격하게 무너지지 않고 장거리 라이딩이 가능하기에 초보 입장에서도 라이딩하기에 편하다. 다만 지형 특성상 동북쪽에서의 스웰을 받을 수 없기 때문에 파도가 있는 날과 없는 날의 편차가 극심하고, 겨울에는 사실상 파도가 없다고 볼 수 있다. 서핑 가게들도 4~10월까지만 영업하다 그 이후엔 짐싸서 발리 등지로 떠난다.

항공기들이 다대포해수욕장 몰운대 앞 상공에서 김해국제공항 36L/36R 방면으로 착륙을 하기에, 거제도 동쪽에서부터 오는 비행기와 북쪽에서 내려오다 가덕도 근처에서 유턴해서 진입하는 비행기들을 자주 볼 수 있다. 가덕도와 다대포 사이 중간바다는 김해공항으로 들어가는 비행기들이 몰려드는 구역. 착륙고도가 낮아 시간당 3~5대 정도는 볼 수 있다. 특정시간대엔 5분 정도 간격으로 비행기가 지나가기도 한다.

갯벌은 고우니생태길 주변 모래갯벌과 몰운대 주변 갯벌이 있는데, 고우니생태길 쪽에 있는 갯벌은 오후 4시까지 장화나 삽을 빌릴 수 있다. 몰운대 쪽은 하천의 끝 부분에 있는데 나무테크로 걷는 길이 있다. 다대포해수욕장의 이 두 곳 외에도 갯벌이 나오기도 한다.

본래 다대포해수욕장은 동쪽 해안과 서쪽 해안 모두를 해수욕장으로 사용했었지만 2020년을 기준으로 해수욕장으로 사용하고 있는 곳은 서측 해변뿐이다. 본래 동쪽 해안도 1994년까지는 해수욕장으로 사용했으나 주변의 난개발로 인한 모래 유실과 인근 횟집에서 흘러나온 오염물 때문에 모래 면적이 줄어들어 해수욕장 기능을 상실해 폐쇄되었다.

서측 해안이 낙동강에서 흘러들어오는 토사물의 퇴적과 수질

오염으로 해수욕장 기능을 상실하자 거의 20년 만에 동쪽 해안이 다시 해수욕장으로 부활할 예정이었으나 용역 결과 해수욕장으로서의 적합성이 낮다는 판단으로 사실상 무산되면서 해변수변공원으로 친수 공간을 조성하는 방향으로 조성하기로 했다. 서쪽 해안은 다대포 꿈의 낙조분수를 포함해 해수천을 조성하고 해송을 식제하는 등 대규모 수변공원으로 조성하고 있다.

현재는 새와 사람이 은근히 많고 몰운대 쪽은 돌계단이 있다. 여기서 미역 같은걸 캐기도 한다.

## 몰운대

예전에는 섬이었지만 지금은 퇴적으로 육지와 연결된 바위 언덕이다.

잘 조성된 산책로를 따라 걸으며 낙조의 아름다움에 빠져보자.

나무위키에 실린 몰운대는 해안절벽 명승지로 다음과 같이 소개한다.

부산광역시 사하구 다대동에 소재하는 해안절벽으로, 부산광역시 기념물 제27호로 지정되어 있다. 몰운대는 국유지가 아닌 개인사유지이다.

원래는 16세기까지는 다대포해수욕장 바로 옆에 있는 자그마한 섬 '몰운도'였다. 예전에는 선박을 타고 들어가야 했었던 섬이었지만, 낙동강에서 내려온 토사가 퇴적되어 현대에 와서는 다대포해수욕장과 이어져 육로로 출입이 가능해졌다. 약 8천만 년 전 중생대 백악기에 차곡차곡 쌓인 지층과 그 후에 생겨난 부산 일대의 지각변형 과정을 한 눈에 볼 수 있는 곳이다. 임진왜란 때는 부산포 해전에서 정운(1543～1592)이 이곳에서 전사하였다.

수상구조대 쪽 길로 동쪽 해변 일정부분을 갈 수 있게 되어있고 산 안으로 들어 갈 수도 있다. 다대포해수욕장과 연결되는 쪽 하천에는 갯벌이 있다.

고라니, 멧돼지, 다람쥐 등 야생동물들이 상당부분 서식하고 야생 버섯도 심심찮게 보인다. 무엇보다, 다대포의 일몰이 찾아올 때 하늘에 퍼지는 노을을 보고 있으면 황홀함마저 들 정도의 탄성을 자아내는 명소이다.

몰운대는 군사작전지역[무장간첩침투사건]이라 몰운대유원지로 올라가는 입구 부분에 독립중대인 다대포중대가 있으며 섬 내에 군사시설과 벙커, 사격장, 민간인 출입금지구역이 있어서 산책로 중 끊기는 곳이 나타난다. 또한 군사작전지역인지라 야간에는 몰운대 입장 및 통행이 제한되며 동절기인 11월부터 3월까진 06:00~18:00 까지, 하절기인 4월부터 10월까진 05:00~20:00 까지 입장이 가능하다. 따라서 퇴장시간이 다 되갈 무렵에는 퇴장시간에 맞춰 몰운대를 빠져나갈 수 있게 입구로부터 너무 먼 곳인 화손대나 전망대 쪽으로는 들어가지 말아야 한다. 외지인이다 싶으면 퇴장 시간 무렵에는 들어가지 말라고 알려 주자. 여담으로 다대포중대에서 관리하는 CCTV가 몰운대 곳곳에 설치되어 있으며 야간시간대에 출입을 통제하기 때문에 몰운대유원지 전 구역에는 가로등조차 하나도 없다.

### 감천문화마을

도시철도 1호선 토성역에 내려 버스를 타고 이동하면 좋은 곳이다. 걸어서는 가파른 언덕길을 올라야 하며 여름에는 땀으로 온몸이 젖어도 좋다. 골목길을 형형색색 도화지에 그림을 그린 듯이 색칠하고 시원한 바람과 감천항 앞바다를 바라본다.

나무위키에 실린 감천문화마을을 소개하면 다음과 같다.

甘川洞文化村 / Gamcheon Culture Village

부산광역시 사하구 감천동에 있는 마을이자 부산 원도심의 대표적인 랜드마크. 산복도로 르네상스 사업을 통하여 도시재생 프로젝트로 큰 성과를 거둔 성공적인 사례라고 할 수 있다.

한국의 마추픽추 혹은 산토리니라는 별명이 있지만 그리스 산토리니처럼 해안가에 붙어 있지 않으며, 풍경도 산토리니와 유사하지도 않다. 가장 가까운 바닷가인 감천항 중앙부두에서 마을 입구에 해당하는 감천2동주민센터까지 약 1km 떨어졌고 설상가

상으로 감천항이 만(灣) 형태라 탁 트인 곳도 아니다. 2019년 기준으론 해안절벽 앞의 마을인 영도구의 흰여울문화마을을 산토리니로 비유하는 경우가 점점 많아졌다.

한국관광공사 선정, 2019, 2020 한국 관광 100선에 선정되었으며, 역사를 살펴보면 다음과 같다.

6.25 전쟁 당시 부산으로 피난 온 피난민들과 태극도의 신도들이 이곳에 정착하여 맨땅에 주민 스스로 집을 짓고 소규모 마을을 이루었다. 피난민들이 몰려들면서 부산의 평지들이 시가지로 가득 차 결국 어쩔 수 없이 사람이 거주하지 않았던 산비탈까지 마을이 형성되었다. 오랜기간 동안 가까운 구평동 산업단지의 조선소와 공장의 노동 인구 대부분을 공급했지만 마을이 생성된 배경의 태생적 한계로 교통과 일상생활이 불편한 위치인 데다 인근 구평 산업단지가 몰락하고 주거지가 낙후하여 다대동, 하단동, 괴정동 등 신흥 주거지구로 인구가 많이 빠져나갔다.

대략 1970년대 초반을 기점으로 인구가 감소하기 시작했는데 1995년 기준으로 2만 1,231명이 살았지만 2016년 기준으로는 8,077명에 불과해 21년 동안 감소폭이 무려 62%였다. 그나마 남은 인구의 많은 수가 독거노인을 비롯한 노년층으로, 65세 이상 인구가 27%를 차지해 초고령사회에 진입하였다. 현재 남아 있는 인구의 평균 연령은 이미 50대 중반에 진입했으며 상당수가 노인의 부양가족들 또는 저소득층이다.

인구가 너무 가파르게 줄어든 탓에 2007년 즈음 텅 빈 마을을 살려보기 위해 재개발이 논의되었고 실제 추진까지 되었으나 거주민을 모두 수용할 만한 대규모 재개발 추진은 쉽지 않았고 당시 불었던 뉴타운사업에 대한 반발 여론과 함께 원주민들의 반대에 부딪혀 결국 흐지부지되었다. 이후 기존 건물을 다 밀어버리고 새 건물을 짓는 기존 재개발 방식을 포기하는 대신 소위 보존형 재개발로 도시재생사업을 추진했다. 감천문화마을 프로젝트 사업을 진행하게 되자 이곳의 특이한 지형구조로 생긴 괜찮은 경치와 분위기가 여러 입소문을 타고 감천2동이 점차 관광지로 알려지기 시작했다. 2019년에 연간 방문객 200만 명 이상, 이 중 외국인 관광객 60% 이상일 정도로 유명 관광지로 성장했다. 방문객 숫자는 감천문화마을 입구에 설치된 계수기를 통해 측정된다고 한다.

## 초량이바구길

부산역 건너편에 있는 초량이바구길은 한표의 산책길이다.

차이나타운을 지나 초량초등학교 담벼락에 동구가 낳은 역사적 인물들을 보며 168계단을 오른다. 계단을 오르는 재미도 있지만 모노레일을 타고 올라 부산항과 부산대교를 조망하는 것도 멋이다.

산복도로 길을 따라 청마 유치환(1908～1967) 선생님의 우체통까지 제법 긴 골목길 산책로를 걷다보면 수행자의 삶과 존재의 의미를 조금은 알 것 같은 깨달음을 주기도 한다.

유치환 선생님의 행복이란 시를 옮겨본다.

행복

사랑하는 것은
사랑을 받느니보다 행복하나니라
오늘도 나는
에메랄드빛 하늘이 환히 내다뵈는
우체국 창문 앞에 와서 너에게 편지를 쓴다.

행길을 향한 문으로 숱한 사람들이
제각기 한 가지씩 생각에 족한 얼굴로 와선
총총히 우표를 사고 전보지를 받고
먼 고향으로 또는 그리운 사람에게로
슬프고 즐겁고 다정한 사연들을 보내나니

세상의 고달픈 바람 결에 시달리고 나부끼어
더욱더 의지 삼고 피어 헝클어진 인정의 꽃밭에서
너와 나의 애틋한 연분도
한망울 연연한 진홍빛 양귀비 꽃인지도 모른다.

사랑하는 것은
사랑을 받느니보다 행복하나니라
오늘도 나는 너에게 편지를 쓰나니

그리운 이여 그러면 안녕!

설령 이것이 이 세상 마지막 인사가 될지라도
사랑하였으므로 나는 진정 행복하였네라.

168계단 옆 마당에는 부산 수정동 출신 천재시인 김민부(1941~1972) 작시/황해도 해주출신 장일남(1932~2006) 작곡 가곡 '기다리는 마음'이 누렇게 바래 보일락 말락 보는 이의 가슴을 아프게 한다.

*기다리는 마음*

*일출봉에 해 뜨거든 날 불러주오*
*월출봉에 달 뜨거든 날 불러주오*
*기다려도 기다려도 님 오지 않고*
*빨래소리 물레소리에 눈물 흘렸네*

*봉덕사에 종 울리면 날 불러주오*
*저 바다에 바람불면 날 불러주오*
*기다려도 기다려도 님 오지 않고*
*파도소리 물새소리에 눈물 흘렸네*

초량이바구길은 부산 근현대사의 보고이기도 하다. 좁은 골목길을 오르내리던 고단한 민중의 삶이 생각나기도 하고 부산 앞바다를 바라보며 호연지기를 키우던 청년들의 삶도 생각난다. 격동의 시절이었던 해방과 6.25전쟁의 피난민들의 삶은 얼마나 처참했을까?

지금은 부산역에서 서울역까지 2시간 반이면 닿을 수 있는 KTX가 있는 황금시대로 자유대한민국에 살아가는 것이 얼마나 큰 행복인지 느낀다. 한표가 살아온 세월! 느리게 좀 더 느리게 구부러진 골목길을 걸어가는 아날로그의 삶을 동경한다.

## 자갈치시장

저녁을 먹고 마실 나가는 곳으로 부산역에서 자갈치까지 걸어서 왕복 1시간 더 소요된다. 부산세관과 부산항만공사 도크를 따라 걷다가 영도다리 아래를 지나 자갈치시장까지 출렁거리는 파도와 해경 순찰선, 영도다리 밑을 오가는 바지선 등 역동적인 부산의 모습을 그대로 본다.

해안선을 따라 낚시꾼들이 낚시를 즐기는 모습과 1인 유튜버 방송을 위해 방송하는 사람들, 그냥 바닷바람을 쇠러 나온 사람들, 운동을 즐기는 사람들 등 다양한 부산사람들의 일상을 본다.

지금은 고인이 되었지만 고종사촌 형님과 자갈치시장에서 꼼장어 안주에 소주한잔 기울이던 시절이 생각난다. 형님은 뱃사람으로 맥주글라스에 한표는 소주잔에 퇴근 후 풋풋한 바다내음을 맡으면서 세상사는 이야기를 하다보면 금방 밤이 온다.

나무위키에 실린 자갈치시장 안내내용이다.

오이소, 보이소, 사이소!
Everybody come to 자갈치 (시장)

부산광역시 중구 남포동 4가에 위치해 있는 부산을 대표하는 국내 최대의 수산시장. 심지어 한 블로거의 설명에 의하면 아쿠아리움에서나 볼 수 있는 희귀 어류들도 자갈치 시장에선 산 채로 볼 수 있다고. 물론 운이 좋아야 한다. 물때가 안 좋을 때 가면 평범한 어류들밖에 없다고. 부산 중구의 마스코트도 자갈치 아지매다.

정확히 말하면 유리궁전 건물에 있는 수산시장과 위쪽 상가로 이루어진 게 '자갈치시장'이고, 왼쪽의 낡은 건물은 '신동아수산물종합시장'(약칭 신동아시장), 그 주변의 해산물 가게들이나 규모가 작은 수산물 시장은, '부산수산물거리' 등의 이름이 따로 있기는 하다. 하지만 실질적으론 그 구역을 통째로 뭉뚱그려 그냥 자갈치라고 통칭하는 편이다. 그렇게 해야 서로서로 홍보효과도 있고. 자갈치시장에는 살아있는 횟감 생선들이나 해산물을 수족관에 넣어놓고 팔며, 주변에는 그냥 재래시장마냥 소쿠리에 생선들을 담아놓고 파는 노상 점포들이 잔뜩 있다. 물론 이쪽에도 개인사업자들이 하는 횟집과 꼼장어 등 해물요릿집이 가득하다.

자갈치시장이 위치한 항구는 부산남항(南港)인데, 이 항구가 어항(漁港)의 기능을 하고 있기 때문에 자연스레 이곳에 수산시장이 들어선 것이다. 부산 도시철도 1호선 남포역, 자갈치역과도 인접해 있다. 건물 인근의 친수 구역에서 멋진 경치를 배경으로 사진을 찍을 수 있다.

자갈치라는 이름은 생선 자갈치에서 나온 게 아니라 바닥에 자갈이 많아서 붙은 이름이라고 한다. 물론 시장 내부를 현대적으로 단장한 지금은 자갈을 찾아볼 수 없다. 치라는 말은 언덕 치(峙)에서 따왔다고 하는 어원도 있고 '자갈이 있는 곳'[處]의 처가 치로 변했다는 어원도 있다.

현대화하면서 수산시장 뿐 아니라 여러가지 다양한 업소들이 입주했다. 1층에는 기존의 수산시장이 있다. 바닥이 화강암으로 되어 있기에 깔끔한 인상을 준다. 살아있는 해산물들이 가득 찬 수조가 가득한데 이거 구경하는 게 상당히 재밌다.

2층에는 1층의 시장에서 산 해산물들을 바로 회쳐 먹을 수 있는 횟집들이 입점해 있다. 정확히 말하면 초장집에 더 가깝다만. 횟집들이 각각 독립된 구조가 아니라 2층 전체가 개방형으로 탁 트여 있는 구조라 출입문 같은게 없다. 시장 자체가 관광지이므로 횟집마다 사람이 가득하다. 특히 바다가 보이는 창가쪽은 더 붐빈다.

1층과 2층이 이른바 '시장' 분위기가 나는 곳이고, 그밖에 3층에는 노래방(유흥업소)과 상인회 사무실이 있으며, 5층과 6층에는 '아리아'라는 뷔페식 시푸드 레스토랑과 웨딩홀이, 7층에는 게스트하우스와 전망대가 있다. 시장을 이용할때는 에스컬레이터를, 뷔페나 게스트하우스를 이용할때는 엘리베이터를 이용하면 편하다.

3층과 4층에는 부산경제진흥원에서 운영하는 부산청년센터가 위치해 있어서 청년층의 경우 해당 시설을 자유롭게 이용할 수 있다.

옥상에는 '자갈치 전망대'가 마련되어 있으니, 식사 후에 한번 방문해 보는 것도 괜찮다. 망원경도 무료로 이용이 가능하다.

그 외에도 1층 시장 앞에는 바다를 조망할 수 있는 넓은 수변 시설이 있다. 다만 여기 횟집들은 양념집 특유의 바가지+관광지 조합으로 인해 전반적으로 상당히 비싼 편이다. 수도권보다는 그나마 나은 편이라고는 하지만 이곳 역시 호객이 매우 심하니, 특히나 부산 사정에 어두운 외지인들은 주의하자. 자칫하다가는 아직 저녁 먹을 때가 되지도 않았는데 꼼장어에다가 생선구이까지 세트로 먹고 갈 수도 있다. 분위기를 즐기고 싶다면 이곳도 매우 괜찮은 곳이지만 회 자체가 목적이라면 자갈치에 오는 것보다는 광안리 쪽 민락수변공원 같은 곳에 가는 게 나을 수도 있다. 아니면 포장해서 싸들고 가거나. 다만 자갈치에는 회 외에도 워낙 볼거리와 먹거리가 다양해서 단순 비교하기는 어렵다.

또 해물빵이라는 것을 파는 가게도 있다. 천안의 호두과자처럼 부산을 대표하는 특산물을 만들겠다는 취지로 만들어진 것인데 해물모양의 조그마한 빵 안에 흑미를 베이스로 여러가지 해산물을 첨가한 소를 집어넣은 것인데 상당히 맛있다. 가격은 10개에 5,000원 정도 한다.

6시 내고향 같은 지역 소개 또는 여행 프로그램에 부산이 나왔다 하면, 이 자갈치시장이 소개되는 경우가 많다. 나머지는 구포시장, 동래시장, 새벽시장, 부전시장 등이 나오는 편.

도로 하나 건너면 바로 BIFF 광장이다. 나름 덕을 좀 볼까 했는데 부산국제영화제의 주 무대가 해운대로 옮겨 가면서 없던 일이 되었다.

동네 이름을 따 근처에 있는 국제시장이랑 합쳐서 남포동 시장이라고 부르기도 한다.

남대문시장처럼 의류 짝퉁 메이커가 많이 팔리는 곳이다.

명물로는 망개떡 할아버지, 돼지국밥집 등이 있다.

문어맛 과자 자갈치는 여기서 이름을 따왔다. 실제 자갈치 과자 대부분은 농심 부산공장에서 생산한다.

특히나 이곳에선 정말 별의 별 것이 다 나오는데, 랍스터, 백상아리, 새끼상어, 개복치, 상어이빨, 사람 몸통만한 오징어나 문어 등 처음 간 사람들은 자신이 마다가스카에 온 건지 부산에 온 건지 헷갈려하기도 한다. 얼음 위에 놓인 꽃게 옆에 귀상어 네 마리가 막 줄지어 누워있는 광경을 보면 상어는 어쩌면 의외로 무섭지 않다는 생각이 들지도 모른다.

롯데 자이언츠 출신 프랜차이즈 선수인 김민호 코치의 선수 시절 별명이 자갈치였는데, 마치 자갈치시장에서 일하는 상인들의 수다만큼 시끄러워서 이런 별명이 붙었다고 한다.

부산국제여객터미널에서 배를 타고 일본 여행을 가는 사람들이 배에서 1박할 동안 먹을 회를 여기서 많이 사가곤 한다. 족발이나 닭강정도 많이 사간다.

2023년 7월 27일에 윤석열 대통령이 자갈치시장에 방문했는데 붕장어한테 물린 게 이목을 끌었다.

자갈치시장 캐치프레이즈를 주제로 트로트 가수 신승태, 오유진이 콜라보하고 송가인이 피처링으로 참여한 노래 오이소 보이소 사이소가 있다. 2021년 7월 10일에 발매되었으며. 부산의 명소와 명물들을 소개하는 가사가 인상적이다.

*오이소 보이소 사이소*

*오이소 보이소 사이소 퍼뜩*

오이소 와보이소 사가이소 퍼뜩
오이소 보이소 사이소 퍼뜩
오이소 와보이소 사가이소 퍼뜩
아~ 어허야~ 에~ 헤이야~

부산에 가면 자갈치 시장 누구나 가는 필수코스
꼼장어 좋고 어묵도 좋아 양곱창 먹방은 예술
아~ 어허야~ 에~ 헤이야~

부산에 오면 광안리 대교 남포동 축제도 대박

오이소 보이소 사이소 퍼뜩
오이소 와보이소 사가이소 퍼뜩
오이소 보이소 사이소 퍼뜩
오이소 와보이소 사가이소 퍼뜩
아~ 어허야~ 에~ 헤이야~

아~ 어허야~ 에~ 헤이야~
국제시장 꽃분이네 영도대교 금정산성
오라 오라 내님이 좋아
우루루루루루~ 오소

오이소 보이소 사이소 퍼뜩
오이소 와보이소 사가이소 퍼뜩

*오이소 보이소 사이소 퍼뜩*
*오이소 와보이소 사가이소 퍼뜩*
*아~ 어허야~ 에~ 헤이야~*

*용두산 하면 백 구십 사계단*
*데이트 코스 일번지죠*
*낮에도 좋고 밤에도 좋아 낭만과 야경은 예술*
*내~ 사랑아 난~ 좋아라~*

*해운대 찍고 동백섬 돌아 오륙도 태종대 투어*

*오이소 보이소 사이소 퍼뜩*
*오이소 와보이소 사가이소 퍼뜩*
*오이소 보이소 사이소 퍼뜩*
*오이소 와보이소 사가이소 퍼뜩*
*아~ 어허야~ 에~ 헤이야~*

*아~ 어허야~ 에~ 헤이야~*
*동래온천 감천마을 남항대교 해동용궁사*
*오라 오라 내님이 좋아*
*우루루루루루~ 오소*

*오이소 보이소 사이소 퍼뜩*
*오이소 와보이소 사가이소 퍼뜩*

*오이소 보이소 사이소 퍼뜩*
*우루루루루루~ 오소*

### 용두산공원

부산의 중심 남포동에 있는 용두산 공원은 부산앞바다와 영도가 훤히 내려다 보이는 부산을 대표하는 공원이다. 이승만(1875~1965) 초대 대통령의 호를 따서 우남공원이라 부르기도 하였다.

아이들 어렸을 때 손잡고 몇 번을 갔었다.

국화꽃으로 장식한 꽃시계와 이순신장군 동상, 용머리 조각상과 용두산 타워가 있다. 카메라를 울려면 사진사가 사진을 찍어주며 추억을 남기는 일과 연인들이 사랑의 언약을 열쇠로 채워 영원히 추억하는 공간, 용두산 타워에 올라 부산의 전체 풍경을 담을 수 있는 아름다운 추억거리가 있어서 좋다.

밤에는 부산의 밤바다와 빛나는 조명들, 별똥별이 뚝뚝 떨어지는 모습도 볼 수 있었으며, 낮에는 자갈치 앞바다의 검푸른 파도와 영도다리 밑을 오가는 통통배들이 역동적이면서 정겨운 부산의 모습을 대변하는 것 같다.

자갈치 시장에선 자갈치 아지매들이 건어물과 생선을 사고파는 풍광이 정겹고, 유람선을 타고 관광을 즐기는 승객들이 갈매기 날개짓에 시름을 잃고 즐거움을 만끽하는 모습이 정겹고, 남도를 여행하는 여행객들에겐 출발을 알리는 뱃고동 소리가 정겹다.

이러한 모습들을 한 눈에 보고 듣고 느끼는 곳이 용두산 공원이다. 부산이 그리우면 아이들 손잡고 용두산 공원에 올라 옛 추억을 회상하자.

용두산공원에 얽힌 노랫말로 1962년에 발표한 "용두산 엘레지"가 있다. 최치수 작사/고봉산 작곡, 고봉산이 노래하였다.

*용두산 엘레지(추억의 용두산)*

*용두산아 용두산아 너만은 변치말자*
*한 발 올려 맹세하고 두 발 디뎌 언약하던*
*한 계단 두 계단 일백구십사 계단에*
*사랑 심어 다져놓은 그 사람은 어디 가고 나만 혼자 쓸쓸히도*
*그 시절 못잊어 아, 못잊어 운다*

*용두산아 용두산아 그리운 용두산아*
*세월따라 변하는 게 사람들의 마음이냐*
*둘이서 거닐던 일백구십사 계단에*
*즐거웠던 그 시절은 그 어디로 가버렸나 잘있거라 나는 간다*
*꽃 피던 용두산아 용두산 엘레지*

## 태종대

태종대는 부산의 대표적인 유원지로 많은 사랑을 받아왔다. 영도의 끝자락에 위치하여 해안을 끼고 드라이버코스로도 각광을 받아왔는데 입구에 주차장이 생기면서 걸어서 입장하여 열차를 타고 관광을 하는 경우 승용차 이용자는 조금 불편함을 느낄 수 있다.

그러나 걸어서도 이용할 수 있기 때문에 시간적인 여유를 가지고 이곳저곳을 다니다 보면 한나절이 금새 지나간다. 태종대의 대표적인 관광코스는 등대 자갈마당과 전망대(모자상), 남항조망지, 유람선선착장 등으로 부산시설공단에서 안내하는 태종대를 살펴보면 다음과 같다.

Taejongdae Resort Park

자연의 아름다움에 심취할 수 있는 곳, 환상적인 해안절경 / '명승' 태종대로 여러분을 초대합니다.

부산대교를 지나, 영도해안을 따라 약 9.1㎞의 최남단에 위치하고 있는 태종대유원지는 1,632,809㎡ 면적에 해발 250m의 최고봉을 중심으로 해송을 비롯한 120여종의 수목이 울창하게 우거져 있으며, 해안에는 깎아 세운 듯한 절벽과 기암괴석 그리고 탁 트인 대한해협을 한눈에 볼 수 있는 명소로 옛부터 많은 국내외 관광객들의 발길이 끊이지 않고 있습니다.

청명한 날에는 약 56㎞거리인 일본의 쓰시마섬까지 볼 수 있어 부산을 대표하는 관광명소로 옛부터 시민과 묵객들이 즐겨 찾았던 곳입니다. 이곳은 일제 때부터 오랫동안 군 요새지로 사용되었던 관계로 일반시민의 출입이 제한되어 오다가 지난 1967년 건설교통부가 유원지로 고시하였고, 뒤이어 1969년에 관광지로 지정되었고, 2005년 11월 1일 국가지정문화재 명승 제17호로 지정되었으며, 2013년 12월 6일에는 국가지질공원으로 인정되었습니다.

지질공원(Geopark)이란?

지질공원은 유네스코에서 지정하는 3대 자연환경 보전 제도[세계유산(World Heritage), 생물권보존지역(Biosphere Reserve), 지질공원(Geopark)] 중 하나로 지형·지질 유산과 함 께 생태·역사·문화적 가치를 지닌 지역을 보전함과 동시에 연구·교육 등에 활용하고, 이를 대상으로 지질관광(지오투어리즘, Geotourism: 천연의 지형·지질 유산을 활용한 관광)을 운 영함으로써 지역의 지속가능한 발전에 활용하는 것을 목적으로 합니다.

태종대는 백악기말에 호수에서 쌓인 퇴적층이 해수면 상승으로 파도에 의해 침식되어 만들어진 파식대지, 해식애, 해안동굴 등의 암벽해안으로 유명한 부산을 대표하는 해안 경관지입니다.

태종대체험 풀코스 여행가이드입니다.

태종대유원지 입구를 지나 100미터 정도 올라가면 광장이 나옵니다.

광장에서 좌측 순환도로를 따라 올라가면, 다소 가파른 길이지만 맑은 공기와 잔잔한 해풍, 우측으로 펼쳐지는 해안선이 숲과 어우러지기 시작합니다.

좌측의 태종사를 지나 순환도로 좌측의 목재계단을 따라 내려가면 영도등대, 등대자갈마당, 태종대의 깎아 세운 듯한 절벽과 신선바위 등 기암괴석으로 이루어진 천혜의 절경이 펼쳐집니다.

계단을 다시 올라와 순환도로변을 따라 10분정도 더 걸으면 전망대에 도착합니다.

전망대 앞으로 펼쳐지는 수평선 너머로 청명한 날씨에는 일본 대마도를 볼 수 있고 또한 바로 앞에 주전자섬이 있습니다.

또한 해마다 세상을 비관하여 전망대에서 자살을 하려는 사람들에게 어머니의 진한 사랑을 다시 한번 생각하게 하여 삶의 안식과 희망을 얻을 수 있도록 하기 위하여 건립한 모자상을 지나 내리막 순환도로를 따라 가면 태원자갈마당, 곤포해안가까지 관광할 수 있습니다.

해상유람선을 이용하고자 할 경우에는 태원자갈마당, 곤포해안가에 가시면 됩니다.

해상유람선 여행가이드입니다.

시원한 바닷바람과 유람선의 여유로움을 맛볼 수 있어 기분전환에 있어 최고로 꼽힙니다.

태종대는 세계 3대 미항의 하나인 이탈리아의 나폴리만에 있는 카프리섬을 연상케 할 정도로 빼어난 절경을 이루고 있습니다.

또한 파도의 침식에 의해 형성된 기암괴석과 울창한 난매림을 비롯해 굽이치는 창파와 어울려 절경을 이루는 곳으로 예로부터 명승지로 알려져 왔습니다.

태종대에는 계절마다 찾아오는 철새, 그리고 영도등대 아래에 자리잡고 있는 망부석, 신선바위, 병풍바위 등은 태종대가 천혜의 아름다운 자연경관을 갖추고 있음을 잘 보여주고 있습니다.

탁 트인 망망대해를 바라보고 있노라면 어느덧 신선이 된 기분을 느끼게 됩니다.

해상유람선을 이용하시면 또 다른 기분을 느낄 수 있습니다.

태종대 유람선은 선착장을 출발, 태종대 해상일대와 오륙도 근처까지 운항하고 있으며, 약 40분 정도가 소요됩니다.

유람선은 청춘남녀의 데이트 수단으로 즐겨 이용하는 등 일반 시민들의이용이 많지만, 부산을 찾는 국내외 관광객들이 단체로 이용하는 경우가 매우 많습니다.

해상유람선을 타고 볼 수 있는 신선바위(신선대)에 대한 설명입니다.

태종대 등대에서 30m쯤 떨어진 곳에 바다를 향해 위쪽이 좁다란 평면으로 된 두 개의 바위가 있습니다.

그 가운데 오른쪽에 있는 것을 '신선대(神仙臺)', 또는 '신선바위', '신선암(神仙岩)'이라 합니다. 신라시대에는 '풍월대'라 불리기도 했습니다.

여기에 이러한 명칭이 붙여진 것은 옛날 이곳에서 선녀들이 놀았다고 하는 전설에서 유래하며 태종대의 아름다운 전경을 자아내는 바위들에도 흥미로운 이야기들이 전해져 내려오고 있습니다.

예전에는 태종대를 신선대라고 불렀는데 그것은 신선이 머물만한 아름다운 경치를 가졌기 때문입니다. 옛날 신선(神仙)이 바로 이 바위 위에서 도끼자루가 썩는 줄 모르고 느긋하게 앉아 놀았다는 이야기가 전해오고 있습니다.

또한 이곳 신선대는 선녀들이 내려와 놀고, 아이를 낳기도 하였다는 전설이 전해집니다.

바위에는 아이의 태를 끊는 가위와 실패의 흔적, 그리고 출산한 선녀의 오른쪽, 왼쪽 무릎이 닿은 흔적도 남아있다고 합니다. 오른쪽 무릎에 힘을 더 주었기 때문에 오른쪽 흔적이 더욱 선명하다고 합니다.

따라서 임신을 한 여성이 이곳에서 빌면 순산을 할 수 있을 뿐 아니라, 신라의 태종무열왕이나 조선의 태종과 같이 삼국을 통일하거나 나라를 반석에 올려놓을 큰 인물을 얻을 수 있다고 전해집니다.

## 봉래산

영도 봉래산은 용마산악회에서 올랐던 기억이 있다.

영도 목장원에서 시작하여 정상으로 오르는 길은 험하고 가팔랐다. 높은 산은 아니 지만 앞뒤가 보이지 않을 정도로 심한 해무와 안개로 뒤덮혀 오르기에 힘든 산이었다.

그러나 시시각각으로 변하는 운무와 시원한 바람은 정상으로 향하는 마음을 더욱 설레이게 했으며, 정상에서의 땀과 추억들은 오래도록 기억하고 싶다.

나무위키에 실린 봉래산의 내용을 살펴보면 다음과 같다.

부산광역시 영도구의 중앙에 있는 높이 395m의 산이다. 명칭 관련해서는 영도구는 영선동, 신선동 등 도교색이 짙은 지명이 많은데 부산 봉래산도 그 중 1개다. 고갈산 또는 고깔산이라고 부르기도 하는데, 이 표현은 전국 명승지에 박았다는 말뚝 이야기처럼, 부산의 모양이 말머리와 비슷하며 그 말의 주둥이 부분에 영도가 소재한다는 점에서 착안해 일제강점기 당시 붙여진 별칭으로 부산의 기운이 메말라 버린다는 뜻이다.

실제로 2009년 정상의 표지석 교체 과정에서 일제강점기 때 제작된 것으로 추정되는 쇠말뚝이 발견되기도 하였지만 쇠말뚝 이야기가 대부분 그렇듯이 진짜 일제가 그랬는지는 분명치 않다.

## ◎ 영도 흰여울문화마을

영도 해안 태종대로 향하는 절영로는 바다에 정박한 선박들로 장관을 이루고 있다. 동양의 나폴리로 불리는 통영보다도 더 아름다운 풍광을 자랑하는 것처럼 이곳 영도 흰여울문화마을은 주택을 개조한 카페가 즐비하게 들어섰다.

실제로 영도대교를 지나 절영로에 들어서면 이렇게 아름다운 풍광에 반하지 않는 것이 이상할 정도로 사람의 마음을 사로잡는다.

나무위키에 실린 흰여울문화마을의 내용을 소개하면 다음과 같다.

원래 이곳은 현지 주민들 사이에서 제2송도(줄여서 2송도)라고 불렸던 곳이다. 왜 2송도냐면 송도해수욕장에서 바다 건너편에 보이는 동네여서. 2011년 이송도지역 주민들의 마을이름 짓기에서 도로명 흰여울길에서 흰여울을 가져와 흰여울마을이라 부르기 시작하였다. 마을명칭이 생기기 전 도로명주소 시범사업의 일환으로 전국 곳곳의 도로는 물론이고 골목길까지 도로명이 붙었는데 문제는 대부분의 골목길이 마을의 실제 유래나 특성과는 무관하게 아무렇게나 붙여졌다는 것이다. 2송도 곡각지의 달동네와 절벽을 따라 나 있는 골목길인 흰여울길도 마찬가지였다. 이렇게 아무렇게나 지어진 도로명은 도로명주소 사업이 정식으로 시작한 2014년에 일괄적으로 AA로NN번길 등의 형식으로 개명되었었다. 흰여울길은 사진가들의 출사장소로 이미 알려 졌었지만 변호인 영화를 기점으로 외부에 조금씩 알려지기 시작하였다. 일단 마을에 서 있는 표지판(영도구청에서 제작)에는 봉래산 기슭에서 여러 갈래 물줄기가 높은 절개지를 따라 바다로 흐르는 모습이 흰 물보라가 이는 물살 모습과 닮았다는 데서 유래했다고 설명하고 있다.

과거에는 달동네 이미지였지만 무한도전이나 변호인, 범죄와의 전쟁: 나쁜놈들 전성시대, 첫사랑 사수 궐기대회 등을 여기서 촬영하면서 이 마을의 존재가 알려지게 되었고 외지인들이 공폐가를 매입해 카페를 조성하면서 일찌감치 유명세를 탄 감천2동 태극도마을처럼 차츰 관광지화되기 시작했다. 특히 영도구에서는 과거의 대표 관광지였던 태종대보다 이 쪽을 더 밀어주고 있는 듯. 하지만, 무분별하게 생겨난 수많은 카페들은 대부분 불법무허가 카페들이어서 문제는 많은 곳이다.

먼저 유명해진 감천문화마을과 비슷하게 구도심의 낡은 주택가였던 곳이 독특한 풍경으로 입소문을 타는 곳 중 하나인데 가파른 산비탈의 형형색색 주택이란 점은 비슷하지만 감천문화마을과 가장 다른 점은 마을 바로 앞 절벽 아래로 남해 바다가 펼쳐져있다. 감천을 소개할 때 과거 종종 사용했던 대명사인 그리스의 '산토리니'와 그나마 더 닮았다고 주목받아 언론 같은 데서 간혹 연결지어 설명하기도 한다. 부산토리니

마을 앞 절벽 아래는 몇 군데의 가파른 계단을 통해 내려갈 수 있는데 절영해안산책로의 시작점이다. 마을 끝의 바위터널을 지나서 바닷가를 따라 제주도 출신 해녀 할머니들이 직접 잡은 해물을 즉석에서 파는 중리해녀촌까지 바다 옆 산책로 약 2km를 걸어갈 수도 있다. 다만 거리 자체는 짧아도 산책로길이 돌이 많고 좀 험하기 때문에 편한 운동화가 아니면 걸어갈 생각은 말아야 한다. 현재 저 구간에 보행데크 설치가 추진되고 있으므로 설치가 완료되면 태종대까지 수월하게 이동이 가능해질듯..

특히 태풍이 닥치면 산책로가 어디 한 군데 이상 유실되는 경우도 있다. 최악의 경우 절영로가 유실되어 거기를 지나는 버스노선이 전부 태종로로 우회하는 불상사가 발생하기도 한다 실제로 2018년 여름에는 집중호우로 인해 절영로가 유실됐는데 하필이면 흰여울문화마을의 위쪽 끄트머리 지점이라 민가 일부가 쓸려나가기도 했다. 이 때문에 도로가 복구될 때까지 변호인 촬영지가 일시폐쇄되기도 했다.

또한 바다와 바로 맞닿아 있는 곳이라 여름철이나 비가 강하게 온 후에는 말 그대로 수영장 마냥 변해서 산책을 하기엔 큰 애로사항이 있다. 더군다나 파도마저 강하게 칠 때는 아예 랜덤확률로 파도가 테트라포트를 뚫고 산책길에 번개치듯이 내려치기도 하므로 멋모르고 왔다가 파도에 맞아 흠뻑 젖은 상태로 패닉에 빠지는 사람도 가끔씩 보일 정도...

여기에 태풍이 직격당하면 그야말로 개박살이 나기 딱 좋은 곳에 위치하고 있어서 부산을 강타했던 태풍이 지나간 뒤에는 그야말로 전쟁이라도 난거마냥 쑥대밭이 되어있는 경우가 허다하다. 그래서 짧게는 1년, 길어도 3년마다 강제로 리모델링을 하고는 한다... 2022년에는 그 유명한 힌남노에 그야말로 직격당해서 아예 해안산책로의 바닥 전체를 갈아 엎고있는 상황.

인근 함지골수련원 들어가는 길목에 부산 유일의 사격체험장이 있다. 그래서 예전엔 여기를 지나는 버스 행선지에 사격장이라고 쓰여있기도 했다. 일본관광객들이 많이 찾아오는지 모든 안내판에 한글과 일본어가 병기되어 있으며, 루팡 3세와 정식으로 콜라보레이션 협약을 체결하여 코스이름도 루팡 3세에서 따온 것이 많고 루팡 3세 포스터도 있다.

마을 앞 바다는 세계적으로 붐비는 항구인 부산항에 입항하기 위해 많은 상선들이 순서를 기다리며 가만히 대기하고 있는 것을 거의 일년 내내 볼 수 있다. 한 해가 시작되는 새해 자정에 묘박

지에 정박한 배들이 일제히 뱃고동을 크게 울리는데 그 모습이 장관이라고 한다.

### 구덕문화공원(꽃마을)

업무를 보다가 자투리 시간이 나서 구덕문화공원 산책로를 따라 걸으면 정신이 맑아지며 스트레스가 날아간다. 산중의 푸른 숲을 바라보며 카페에서 마시는 한 잔의 커피는 보약보다도 좋다.

구덕문화공원이 조성되기 훨씬 이전부터 자연생태마을인 꽃마을은 서구 주민들의 샘터이며 휴식처이다. 가벼운 차림으로 산책을 즐기기도 하고, 내원정사에 들려 불공을 올리기도 하며 꽃마을 식당가에서 파전에 막걸리 한잔이면 세상 부러울 것이 없는 문화적 공간이다.

전통주로서 막걸리가 대중화되기 전 양조장이 아닌 가옥이나 가게에서 직접 주조를 하는 것은 불법인 시절에 꽃마을의 막걸리는 단속대상이었다. 서부산세무서 관할로 불법주류 단속에 걸려 벌과금을 부과하는 것이 마음 아팠던 세월이 있었다.

대한민국구석구석의 구덕문화공원 상세내용을 보면 다음과 같다.

부산광역시 서구 서대신동에 있는 구덕문화공원은 구덕산 숲속에 있다. 부산 전통문화 체험관, 민속생활관, 교육역사관, 닥종이 공예 전시실, 목석원예관 등 다양한 전시관과 폭포, 연못, 꽃길, 산책길 등을 갖춘 자연생태 문화 공간이다. 특히 편백숲은 명상을 즐기기 좋으며, 문화공원 내에 있는 다양한 공간을 이용 후

4곳 이상 방문 스탬프를 찍으면 관리실에서 선물을 주는 행사를 진행 중이다. 또한 야외미술관도 운영 중이며 부산시 공공미술 프로젝트 '우리 동네 미술'을 진행하고 있어 지역 작가들의 개성 있는 미술작품이 곳곳에 설치되어 문화, 예술이 살아 숨 쉬는 시민 휴식공간으로 그 의미를 더하고 있다.

## 낙동강하구언

낙동강하구언이 조성되면서 철새 도래지로 유명했던 을숙도의 옛 추억은 오래전의 기억으로 남아있다. 하단에서 조각배를 타고 을숙도 갈대밭에서 사진을 찍으며 하늘거리는 갈대사이로 지는 석양을 바라보는 낭만을 언제 다시 느껴볼 수 있을까?

나무위키에 실린 낙동강하구언의 내용을 소개하면 다음과 같다.

대한민국 부산광역시의 사하구에 있는 하단동과 을숙도를 잇는 낙동강의 하굿둑으로, 낙동강의 종점이다. 1983년 9월에 착공하여 1987년 11월에 준공되었다.

4대강 물길트기 사업의 일환으로 2013년에 명지IC ~ 을숙도 구간 역시 하구언이 새로 생겼다. 새로운 다리는 콘크리트 포장에 아치형 대교이며, 기존 하구언과 똑같이 교량 좌측에 하굿둑 시설이 있다. 2010년대에 만들어져서 디자인은 미려한 편이다.

2번 국도, 77번 국도, 10번 부산광역시도와 낙동남로의 일부이다. 본래 표기는 낙동강하굿둑이 맞으나 낙동강하구둑이나 낙동강하구언이라는 표기도 자주 쓰인다. 근데 2023년 현재 상시개방 하고 있어서 둑의 역할을 못 하기 때문에 낙동강하굿둑이라는 표현이 맞지 않을지도 모른다. 참고로 위로 올려서 계속 들고 있는게 아닌 아예 밑으로 깔아서 개방해놓았다.

길이 2,230m, 최대높이 18.7m의 토언제(土堰堤) 방식으로 지어졌다. 둑이 건설되기 전에는 밀양시 삼랑진읍까지 바닷물이 들어왔었다. 하단에서 다양한 해산물이 잡혔지만 낙동강하굿둑이 건설되고 없어졌다.

현재는 한국수자원공사가 관리하고 있다. 엄밀히 말하자면, 하구둑은 말 그대로 둑이므로 교량은 아니다. 다만, 둑위에 교량 역할을 할 수 있게 도로를 만들어두었고, 실제로도 교량 역할을 하는 것이 맞으므로, 낙동강을 횡단하는 교량이라는 말도 아예 틀린 말은 아니다. 이 도로를 하구언다리로 부르기도 한다.

이 하구둑에서 강원도 태백시에서 발원하는 남한에서 제일 긴 강인 낙동강이 끝나며 따라서 경상북도 안동시 안동댐부터 시작되는 낙동강 자전거길도 여기서 끝난다. 즉, 인천 아라뱃길 정서진부터 시작하는 자전거 국토종주코스의 시종점이다.

## 강서체육공원

주차장 이용이 편리하여 골프 원정경기를 가거나 단체 관광을 떠날 때 만남의 장소로 이용되기도 한다.

코로나19 펜데믹이 유행하기 전 강서체육공원 하키경기장에서 '용마부산가족축전'을 개최하였다. 사직운동장의 사정으로 겨우 마련한 강서체육공원 하키경기장은 부산시민이 접근하기에 쉬운 곳은 아니었지만 철두철미한 준비와 홍보로 용마부산가족 800여 명의 함성이 지금도 쨍쨍하게 울리는 듯하다.

부산광역시 체육시설관리사업소의 강서체육공원 경기장소개는 다음과 같다.

강서체육공원은 강서구 체육공원로 43(대저동) 일원에 부지면적 208,985㎡로 총공사비 927억원을 투입하여 1999.5월에 착공하여 2002, 6월에 완공되었다. 2002년 부산아시아경기대회 펜싱경기와 배드민턴경기가 열린 실내체육관과 2,000석 규모의 하키경기장, 500석 규모의 보조경기장 및 양궁경기장 등으로 구성되어 있다.

강서체육공원은 종목별 경기장 뿐만 아니라 시민체육, 문화센터 등 여가시설을 위한 체육가족공원으로 조성되었으며, 또한 천연잔디구장 2면은 부산아이콘스 및 유소년 축구클럽 전용연습장으로 사용하고 있다.

## 삼락생태공원

주말이면 부산시민이 즐겨 이용하는 문화공간이다.

부산광역시 낙동강관리본부 삼락생태공원 안내를 살펴보면 다음과 같다.

삼락생태공원은 사상구 엄궁동에서부터 사상구 삼락동(강서낙동대교)까지로 낙동강하구 둔치중 가장 넓은 지역이며, 천연기념물 제179호(낙동강하구 철새도래지)로 철새를 위한 습지, 철새먹이터 및 각종 체육시설(61면)을 비롯하여 잔디광장, 야생화단지, 자전거도로, 생태 산책코스 등으로 꾸며진 체육·휴식공간이다.

삼락생태공원은 크게 세부분으로 나누어져 있는데, 첫째, 최상단부와 중앙부분에 시민들을 위한 체육시설들이 위치하고, 둘째, 상단부쪽에 갈대 및 갯버들 군락의 커다란 자연초지(일부 맹꽁이 서석지)가 형성되어 있고, 곳곳에 산책로가 조성되어 있으며, 셋째, 하단부는 갈대습지로 형성되어 있고, 겨울철에 많은 철새들이 찾아오는 곳이다.

이처럼 삼락은 가장 넓은 둔치지역(4.72㎢)을 자랑하는 곳으로 다양한 자연환경과 시민들을 위한 친수공간이 조성되어 있다. 만남의 장소로 이용되기도 한다.

조성경위를 살펴보면 삼락생태공원은 과거 비닐하우스 경작지였던 곳을 1998년 사상구청에서 삼락둔치 상단부 일부에 운동장(446,280㎡)을 조성하였고, 2006년 부산시 낙동강둔치 재정비사업으로 겨울철새 먹이터로 이용하기 위한 친환경영농원 793,388

㎡, 물놀이장, 인라인스케이트장 등 체육시설과 66,115㎡의 습지를 복원하였다.

2009년 4대강살리기사업으로 영농원은 모두 철거하여 철새먹이터, 습지 등으로 복원하였고, 일부공간에 계류장을 조성하여 향후 수상레저 등을 즐길 수 있도록 기반을 구축하였다.

비오톱(생물서식처) 현황은 다음과 같다.

① 엄궁 습지 : 면적 854,000㎡

2006년 낙동강둔치재정비사업시 비닐하우스경작지를 습지로 복원하였으며, 현재는 갈대로 덮혀져 있으며, 겨울철새(오리류)의 주요 서식지이다.

② 수로형 습지 및 철새먹이터 : 면적 276,300㎡

2006년 친환경영농원으로 조성되었다가 2009년 4대강살리기사업시 수로형 습지와 철새먹이터를 조성하였다. 겨울철에는 다양한 조류 서식지 및 철새먹이터로 활용하고, 철새비도래시기에는 무동력 보트 등을 타고 수생식물들을 관찰할 수 있는 생태탐방 역할 및 사계절 꽃단지로 조성하여 시민들이 즐겨 찾을 수 있도록 조성하였다.

③ 맹꽁이 서식지 : 면적 50,000㎡

2006년 갈대, 억새, 버드나무군락지로 복원되었으며, 일부 습지지역에 멸종위기종 2급인 맹꽁이가 서식하고 있으며, 6~8월 맹꽁이 울음소리를 들을 수 있다.

BUSAN
Welcome to Busan

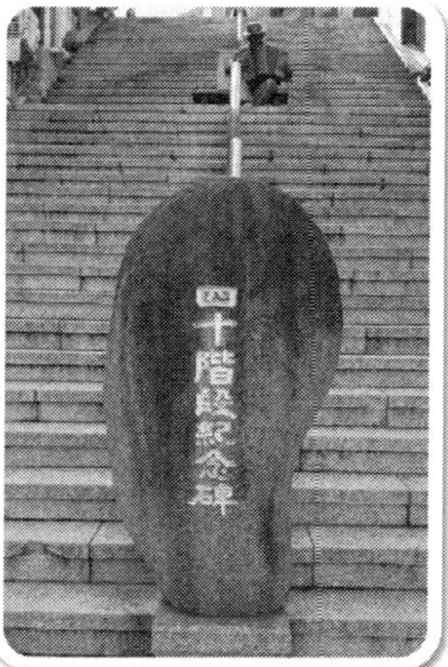
四十階段紀念碑

# 제19장 한표단상

## ❂ 코모도호텔 나이트클럽(청사초롱)

부산광역시 중구 부산 앞바다가 훤히 내다보이는 언덕에 코모도호텔이 있다. 기와로 외장을 하여 마치 공룡의 모습같이 웅장하고 거대한 성을 이루고 있어 그 기세에 입이 쫙 벌어진다.

그러한 코모도호텔 나이트클럽은 불쇼로 유명했다.

저녁을 먹고 취기가 오르면 야 우리 불쇼 보러가자. 택시에 몸을 싣고 서면에서 중구까지 단숨에 날아와서 테이블에 놓인 맥주와 안주로 목을 축이며 숨죽여 불쇼를 볼 수 있었다.

건장한 청년들이 얼마나 단련을 했으면 근육질 몸매에 짧은 팬티만 입고 한 손에 횃불을 들고 월계관처럼 만든 둥근 원형관에 불을 붙이고는 잽싸게 통과하는 아찔한 순간들은 사람의 이목을 끌기에 충분하였다.

그럴 때마다 관객들은 우와 하고 박수를 치며 환호했으며 그 순간의 즐거움은 함께한 동료들과 한 마음이 되었던 것이었다.

불쇼가 끝나고 음악이 흐르면 음악에 맞추어 춤추고 노래하던 추억들이 참 좋았다 라고 말하는 것 같다.

## ❂ 완월동

완월동 갑시다.

젊은 시절 택시를 타면 한번쯤은 "완월동 갑시다." 라고 했던 기억들이 있지 않을까 하는 생각으로 기억을 더듬어 본다.

완월동의 이름은 부산광역시 서구 충무동과 초장동 일대의 홍등가를 완월동이라고 한다. 그 유래는 알 수 없으나 자갈치 시장을 중심으로 남포동 번화가에 이르기까지 부산의 중심 상권이 몰려있으며, 뱃사람들의 일시 하선으로 고향을 가기에는 교통이 원활하지 못하던 시절에 바다에서의 노고를 풀며 잠시 사나이의 욕구를 채우기에 좋은 지리적 여건으로 인하여 자생적으로 생겨난 곳이라 할 수 있겠다.

서부산세무서에 근무할 때 서구 암남동과 초장동을 담당하게 되었다. 세무서장의 지시에 따라 홍등가에 세금을 부과하게 되었는데 아가씨와 종사자들이 집단으로 서장실을 점거하여 농성을 부리는 바람에 세무서의 업무가 마비되는 지경에 까지 이르는 적이 있었다. 집단 농성에 강력 대처 하였지만 날마다 반복되는 일들을 어찌할 수 없어서 적당히 타협하여 마무리되었던 기억이 그 당시는 가능했던 것 같다.

체납자 명부를 들고 초장동 일대를 으설렁 거리며 지나칠 때면 어김없이 홍등가의 아가씨들이 잠시 쉬어가라며 호객행위를 한다. 처음에는 밀린 세금을 받기 위해 열심히도 다녔지만 갈수록 그 길을 지나기가 민망스럽고 눈이라도 마주치면 금새 손이라도 낚아 채일 것만 같아 두렵기도 하였다.

더위가 시작되는 6월의 초순 가느다란 어깨 위로 하얀 속살이 보일듯 말듯 요염한 자태로 유혹하는 그녀는 무슨 사연으로 거기에 있었으며, 지금은 어떤 모습으로 살아가는지 궁금해진다. 다 같은 하늘 아래 다 같은 모습으로 살아가지 못하는 그 당시의 상황을 지금 사람들은 이해할 수 없는 노릇이다.

## 명태2마리

시골의 고즈넉한 밤을 느껴보았는가?

낮에는 밭에서 농사일을 하며 열심히 살아가는 한 농부의 삶을 기억한다. 일찍 장가를 들어 오남매를 키우며 살아가는 아버지의 삶은 고달프고 힘들었지만 오남매를 잘 키워야 한다는 사명감으로 주야로 일을 하면서도 고달픈 내색을 한적이 없었다.

보통학교를 졸업하고 한글과 한문을 익혀 그 마을에서는 얄팍한 지식인이면서 농사일을 하는 농사꾼 이었다. 완연한 봄이 오기전에 5일마다 열리는 장터에 나가 친구를 만나 막걸리 한잔에 우정을 나누며 비틀거리는 몸으로 손에는 명태2마리를 사서 들고 집으로 왔다. 그의 아내는 명태를 손질하여 무를 넣어 양념을 해서 국을 끓여서 아이들과 함께 맛있게 먹는 것이 그에게는 자식을 키우는 보람이고 즐거움 이었다.

요즘으로 치면 일종의 외식이나 몸보신 정도로 귀엽게 봐줄 수 있는 것일까? 그렇게 하기를 여러 해를 반복했다. 가족에 대한 사랑이 지극하여 동네 사람들이 부러워할 정도였다. 그러면서 큰 아이는 고등학생이 되었고 둘째는 중학생 그 아래로 초등학생 둘과 미취학생 1명이었다.

여느 해와 마찬가지로 한 겨울이 지나 봄을 맞이하면서 바쁜 농사일이 오기전에 5일 장터에 나가 친구를 만나 막걸리 한잔에 우정을 나누며 그나하게 취해서는 명태2마리를 사서 들고 집으로 가는 중이었다.

그런데 이게 웬일인가? 신작로에서 교통사고를 당해 쓰러지면서도 명태2마리를 잡은 손은 놓지를 않았지만 명태는 온데간데없이 사라지고 위급한 상황에 읍내 병원에 이송하여 응급처치를 하고 위중하여 마산의 삼성병원 중환자실에서 최선을 다하였으나 며칠이 지나 세상을 떠나고 말았다. 마른하늘에 날벼락 같은 소식에 아내와 오남매는 오열하였다.

늘 곁에 있을 것만 같았던 아버지의 부재는 아내와 오남매에게는 엄청난 시련이었다. 아버지를 대신하여 어머니가 온갖 고생을 하며 자식을 뒷바라지 하는 것을 사명으로 여겨 가르친 덕분으로 큰 아들이 서울의 대학을 졸업하고 의사가 되었으며 둘째가 금융기관의 장이 되었그, 셋째가 공기업의 지점장이 되었다. 넷째와 막내는 좋은 남편을 만나 행복하게 살고 있다.

고생하신 어머니를 잘 모시기 위해 형제들이 모여 의논하여 쓰러져 가는 시골의 집을 허물고 현대식 2층 집을 지어서 편리하게 살 수 있도록 하였다.

늦은 밤 달밭마을의 새집에서는 오남매와 그 가족들이 모여 웃음소리가 하늘을 가로지르며 허뭇하게 미소짓는 아버지를 그리고 있다.

## 유럽여행

예전에 공직에 있으면서 운이 좋아 유럽을 여행하였다. 각 청별로 선발된 우수 공직자와 함께 10박11일간의 여행은 평생 잊지 못할 추억으로 남아있다.

대한항공 747 보잉 비행기를 타고 김포공항에서 출발하여 11

시간 논스톱 비행 후 첫 도착지가 영국의 히드로 공항이다. 낯선 곳에서 뚱뚱한 직원의 안내를 받으며 국경을 통과하여 호텔에 도착하였다. 흑맥주 기네스를 먹어야 영국의 환경에 잘 적응할 수 있다는 가이드의 멘트로 영국의 전통 흑맥주 기네스를 먹었던 기억과 호텔에서 새벽까지 떠들며 가져간 소주를 먹었던 것은 그 당시에는 즐거웠지만 지금 생각하니 다른 사람의 취침에 방해가 되었을 것이라 생각하니 조금 미안한 생각이 든다.

대영박물관, 런던파크, 파리의 에펠탑, 몽마르트 언덕, 세느강의 유람선, 스위스의 베른호수와 융프라우, 이탈리아 콜로세움광장, 폼페이, 카프리 등 역사의 현장을 체험한다는 것은 얼마나 큰 행운이며 지금까지도 각인되어있다. 유람선에서는 졸업여행을 온 캐나다의 젊은 대학생들과 함께 춤추고 노래하며 어울렸던 그 날의 기억들이 생생하다. 해발 3454m의 산악열차를 타고 융프라우에 올랐으나 거센 눈보라와 바람, 빙하의 차가움이 공포심을 일으켜 천혜의 자연경관을 바라보는 것이 어려웠다. 그러나 얼음동굴의 조각상들(만화에서나 보았던 마법의 성과 같은 곳)과 산악열차에서 바라보는 경치는 장관이었다.

빌브라이슨이 지은 '빌브라이슨 발칙한 영국산책'에서 영국의 문화 일부분을 소개하면 왕의 나라 영국 에서는 조금이라도 부딪치거나 자신도 모르게 상대방의 공간을 침범하기라도 하면 '죄송합니다.'라고 깍듯이 인사를 한다. 본능에 가까운 타인을 배려하는 이런 태도는 늘 감탄스럽다. 특히 영국에서는 이런 상황이 일상이어서 주목받지 못한다는 점은 더욱 감동스럽다. 라고 표현하고 있다.

1994년7월20일 발매된 더 클래식의 불후의 명곡 '마법의 성'을 소개한다. 김광진이 작사/작곡하였다.

*믿을 수 있나요 나의 꿈속에서*
*너는 마법에 빠진 공주란 걸*

*언제나 너를 향한 몸짓엔*
*수많은 어려움뿐이지만*

*그러나 언제나 굳은 다짐뿐이죠*
*다시 너를 구하고 말 거라고*

*두 손을 모아 기도했죠*
*끝없는 용기와 지혤 달라고*

*마법의 성을 지나 늪을 건너*
*어둠의 동굴 속 멀리 그대가 보여*

*이제 나의 손을 잡아 보아요*
*우리의 몸이 떠오르는 것을 느끼죠*

*자유롭게 저 하늘을 날아가도 놀라지 말아요*
*우리 앞에 펼쳐질 세상이*
*너무나 소중해 함께라면*

*마법의 성을 지나 늪을 건너*
*어둠의 동굴 속 멀리 그대가 보여*

*이제 나의 손을 잡아보아요*
*우리의 몸이 떠오르는 것을 느끼죠*

*자유롭게 저 하늘을 날아가도 놀라지 말아요*
*우리 앞에 펼쳐질 세상이*
*너무나 소중해 함께 있다면*

## 낙동강

금빛 모래가 반짝이든 낙동강하구 모래밭의 추억은 어릴 때 경험했던 모든 것이다. 참게, 조개, 붕어, 물새알, 유유히 흐르는 낙동강 물과 모래밭은 보물과도 같은 곳이었다. 함안보가 생기면서 그 넓고 넓은 모래사장은 사라지고 공원으로 조성되었다. 야구장, 캠핑장, 파크골프장, 청보리밭 등 자연에서 자연친화적 공간으로 탈바꿈하였다.

여름철 태풍이 올 때마다 범람하던 낙동강이 보가 생기면서 사라졌다고 한다. 지금까지 농사를 지으며 살아온 친구들의 얘기에 의하면 처음엔 아쉬움이 많았지만 지금은 모든 것에 만족하며 함안보의 효용성을 얘기하고 있다. 정말 잘 만들었다. 라고 한다.

환경 파괴와 녹수현상들의 부정적인 여론은 그들의 주장이며 실질적인 주민들의 이익과는 괴리가 있다는 것이다. 치산치수를 잘해서 국민이 편안한 삶을 영위하도록 하는 것이 국가의 책무이며 낙동강 개발을 위해 많은 예산이 투입되었고 그로인해 지금의 삶이 예전보다 훨씬 좋아졌다고 하니 참 잘한 정책이었구나 생각한다.

제1회 청보리 축제를 앞두고 초등학교 동창생 친구들의 모임으로 고향 청보리가 피어있는 길을 따라 걸으며 참 공기가 맑고 신선하며 경관이 수려한 고향이어서 자랑스러웠다. 청보리를 배경으로 친구들과 사진도 찍고 떠들며 놀아도 방해하는 사람이 없어서 좋았고 참석하지 못한 몇몇 친구들과 유명을 달리한 친구들과 함께하지 못한 아쉬움이 슬픔으로 남아있다. 아! 내 고향 낙동강아 늘 푸르고 아름다워라..

1959년에 발표된 '처녀 뱃사공'은 가수 황정자(1927～1969), 윤부길(1912～1957) 작사, 한복남(1919～1991) 작곡으로 많은 가수들이 리메이커해 히트한 노래이다. 낙동강을 대표하는 노래로 가사를 소개한다.

*낙동강 강바람이 치마폭을 스치면*
*군인간 오라버니 소식이 오네*
*큰애기 사공이면 누가 뭐라나*
*늙은신 부모님을 내가 모시고*
*에헤야 데헤야 노를 저어라 삿대를 저어라*

*낙동강 강바람에 앙가슴을 헤치면*

*고요한 처녀가슴 물결이 이네*
*오라비 제대하면 시집보내마*
*어머님 그말씀이 수줍어 질 때*
*에헤야 데헤야 노를 저어라 삿대를 저어라*

## 삶의 나침반

공병호 박사의 '부자의 생각 빈자의 생각'에서 생각은 노력의 산물이다. 생각을 경영하라, 그러면 인생이 달라진다! 라고 하였다.

자라면서 늘 가슴에 새겼던 시골집의 작은방 액자에 걸렸던 아버지의 휘호를 잊을 수가 없다. 그 내용을 적어본다.

<액자1>
태산이 높다하되 하늘아래 메이로다.
오르고 또 오르면 못오를리 없거만은
사람이 제아니 오르고 뫼만 높다 하더라.

<액자2>
어버이 살아실제 섬기기를 다하여라
지나간 후면 애닯다 어이하리
평생에 고쳐못할 일 이 뿐인가 하노라

<액자3>

이몸이 죽고죽어 일백번 고쳐죽어
백골이 진토되어 넋이라도 있고없고
임향한 일편단심이야 변할줄이 있으랴

아버지가 세상을 떠나신지가 50여년이 흘렀다. 그러나 아직도 우리 가족을 지켜주시고 앞으로 나아갈 수 있도록 나침반이 되어 주신다.

한 번도 돌아가셨다고 생각하지 않았다. 첫 시조 태산이 높다 하되는 노력하면 모든 것을 극복할 수 있다는 자기애를 심어주셨고, 둘째 시조 어버이 살아실제는 부모님께 효도하는 마음을, 셋째 시조 이몸이 죽고죽어는 나라에 대한 충성심을 가르쳐 주셨다.

사회생활을 하면서 이웃을 사랑하고 마을 공동체를 위해 헌신하고자 하셨던 아버지의 삶을 되돌아보며 아버지의 빈자리가 그리움으로 사랑으로 존경심으로 맴돌고 있다.

## 어머님의 임종

'황금을 보기를 돌같이 하라'는 어머님의 가르침을 되새기며 가쁜 숨을 몰아치면서 이 세상과 마지막 포효를 지켜보는 것은 큰 고통이었다. 쿵쾅 쿵쾅 어머님의 심장은 산을 넘고 들을 지나 평화로운 그곳으로 가기위한 마지막 몸부림이었지만 그것을 지켜보는 한표의 가슴은 미어지고 쓰러지고 깊은 회한으로 눈물짓고 있었다.

어머니는 1928년12월8일 경남 함안군 칠원면 운촌 학동마을에서 태어났다. 어느 보살님의 말씀에 따르면 7살에 학동마을의 냇가에서 보살님의 공덕자로 호칭되어 세상의 이치를 깨달아 보살이 되셨다고 하였다. 17살에 아버지를 만나 결혼하여 슬하에 3남3녀를 두고 이 세상에서 가장 행복한 사람이었다고 한다.

큰누나 아래 정말 똑똑한 형님이 있었는데 네 살 때 수두를 앓아 어머니의 가슴에 묻었다. 1945년 해방직후 좌익과 우익이 싸워 국론이 분열되고 6.25전쟁으로 온 국토가 피바다가 되어 모진 피난살이로 힘들었던 시절도 조상에 대한 제사를 거르지 않고 모셨던 종가집의 어머니였다.

1960년대 우리나라의 시골은 산은 푸르고 낙동강 강물은 유유히 흘러 평화로운 시대였다. 보릿고개를 겪은 가난한 시절이었지만 버들피리 불며 아카시아 향기와 이웃 간에 정이 넘쳐나는 고즈넉한 시골의 풍경을 지니고 있는 전형적인 시골 마을이었다.

도시생활을 하셨던 아버지가 돌아오시고 큰누나는 결혼을 하였다. 이듬해 음력으로 1969년1월8일 아버지는 영원히 오지 못할 세상으로 가시고 말았다. 슬픔이 무엇인지도 모르는 철부지였던 한표는 오열하는 어머니를 위해 무엇이든 해야겠다는 생각과 가슴속에 아버지는 항상 살아계신다고 생각하였다. 마을에 초상이 나면 아버지를 대신하여 상여를 메는 일도 하였고 새마을운동으로 도로 부역에도 참여를 하였다. 마을 어른들이 어리다고 봐주는 일이 없었다. 어른들과 똑같은 시간에 똑같이 일하였다.

'여자는 약하나 어머니는 강하다.'고 하는 말처럼 여느 어머니와 같이 한표의 어머니는 강한 엄마였다. 누나들이 공부를 잘하였고 고구마와 밀,보리, 참깨, 땅콩 등 농사일을 엄마가 도맡아하면서도 틈틈이 품을 팔아 남의 농사일도 거들고 하셨다. 고구마를 팔고 남은 것은 구덩이를 파서 보관하였다가 겨울 내내 꺼내어 먹었다. 삽으로 구덩이를 파는 것은 한표의 몫이었는데 땀을 흘리면서도 즐거웠던 기억들은 수확의 기쁨과 인자하신 어머님의 사랑이 컸기 때문이다.

늘 칭찬을 들으며 자랐지만 설과 추석에 제사를 모시고 조상님 산소에 절하는 것에 대하여는 엄중 하셨다. 친구들과 어울려 놀고 싶어도 산소에는 꼭 다녀와야 자유 시간을 가질 수 있었다. 문중의 종손으로서 드리를 강조하셨다.

한표의 초등학교 졸업에 받은 '장한 어머니 상' 부상으로 받은 은수저를 평생 간직하시며 좋아하셨는데 중학교를 졸업하고 마산상고에 합격한 것을 뿌듯하게 생각하셨다. 꿈에 집 앞으로 고속도로가 나면서 서광이 밝게 비치는 것이 앞으로 좋은 일만 있을 것이라고 늘 일려주셨다.

큰누나는 결혼을 하여 출가외인이 되었고 둘째누나가 우리집 가정경제를 크게 일구었다. 논도사고 사랑채도 짓고 제법 오랜기간 사랑채에서는 중국집, 양복점 미장원 등의 수입이 있었다. 마산에서 주경야독 하는 막내누나 덕분에 별로 불편함이 없이 고등학교를 마쳤고 군대를 제대 하고 국세공무원이 되었다.

막내누나가 마산여고 부설 통신고등학교를 수석졸업 하면서 부상으로 타온 카세트 겸용 트랜지스터라디오는 어머님의 친구가 되었고 그날 밤 기뻐하시던 어머님의 모습을 잊을 수가 없다. 자식이 잘되거나 성공을 거두었을 때 부모님의 기쁨은 배가되는 것이 세상의 이치인 것 같다.

순서대로 둘째누나가 결혼을 하였고 막내누나가 결혼을 하였다. 막내누나가 결혼을 하기 전에 방송대 유아교육학과에 입학하여 공부를 하였는데 끝까지 마치지 못한 것이 못내 아쉽다. 동생도 머리가 좋아 판검사가 될 것을 기대하였는데 중생을 구도하는 스님이 되었다. 경상고 3학년 부마사태가 일어나 나라가 어수선한 상황에 학력고사를 앞두고 가출을 하여 어머님이 걱정하던 기억이 있다. 조선일보 광고란에 빨리 돌아오라고 가출신고까지 하며 정말로 가슴아파했던 기억을 스님은 아는지 모르는지 어머님의 기대가 회한으로 남아 저리도 쿵쾅 쿵쾅 심장을 치며 가쁜 숨을 몰아쉬는 것은 아닌지 어머님의 임종을 바라보며 온갖 생각에 빠져 있다.

'내 걱정은 말고 너거나 행복하게 잘 살거라.' 마지막 말씀을 남기시고 2015년 11월 2일(음력 9월21일) 그렇게 먼 길을 가셨다.

한표의 엄마가 좋아하셨던 노래는 '청춘을 돌려다오.' '나의 살던 고향은' '어머님 은혜' 등이다. 양주동(1903-1977) 작사/이흥렬(1909-1980) 작곡 어머님 은혜 가사를 올려본다.

*어버이날 노래(어머니의 마음)*

*낳실제 괴로움 다 잊으시고*
*기를제 밤낮으로 애쓰는 마음*
*진자리 마른자리 갈아 뉘시며*
*손발이 다닳도록 고생하시네*

*하늘아래 그 무엇이 넓다 하리요*
*어머님의 희생은 가이 없어라*

*어려선 안고 업고 얼려주시고*
*자라선 문 기대어 기다리는 맘*
*앓을사 그릇될사 자식 생각에*
*고우시던 이마위엔 주름이 가득*
*땅위에 그 무엇이 높다 하리오*
*어머님의 정성은 지극하여라*

*사람의 마음속엔 온가지 소원*
*어머님의 마음속엔 오직 한가지*
*아낌없이 일생을 자식 위하여*
*살과 뼈를 깍아서 바치는 마음*
*인간의 그 무엇이 거룩하리요*
*어머님의 사랑은 그지 없어라*

## 무명의 영웅들

코로나19로 사회적 공간이 단절되던 시절 TV조선의 미스터트롯에서 진을 차지한 임영웅과 탑7은 많은 사람들에게 위로가 되었고 웃음을 주었다. 동네 아주머니들이 팬클럽에 가입하여 서울, 경기, 강원, 대전, 부산, 대구, 광주 등 탑7의 공연장마다 장사진을 이루는 모습은 젊은이들의 전유물로 여겼던 팬덤문화가 어른에게도 적용된다는 사실을 일깨워 주었다.

누가 누구를 좋아한다는 것은 참 고무적인 일이다. 농사일이 우선시되던 시절에는 꿈도꾸지 못했던 것들이 자유분방함을 넘어 다양한 생각이 존중받는 사회적 문화(포스트 모더니즘)가 형성되어가는 것 같은 것이 자랑스럽다.

살아가면서 주변의 뛰어난 많은 사람들을 만나고 헤어지고들 한다. 장구도 잘치고 그림도 잘 그리고, 노래도 잘하는 많은 친구들을 생각하며 시절인연을 잘 만났다면 스타가 되었을텐데 그냥 그렇게 살아온 인생이 너무나 아름다워 속으로 공경을 표할 뿐이다.

얼마나 많은 사람들이 영웅 보다 더 영웅같은 재주를 가졌는가? 또한 보통사람으로 평범하게 살아가는 것이 얼마나 아름다운지 살아보지 않으면 모른다. 유유히 흐르는 낙동강과 금빛모래밭, 실개천의 버드나무들과 청보리가 어우러진 고향의 아름다운 모습을 기억한다. 뭍과 뭍을 연결하는 밧줄을 댕겨 움직이는 나룻배와 건너편의 사람들! 채송화와 나팔꽃, 국화와 코스모스 한들거리는 신작로와 고즈넉한 시골의 초등학교, 수선화와 맨드라미, 접시꽃, 해바라기가 키재기를 하는 담장밑의 꽃밭들과 맹꽁이와 개구리들의 울음소리와 매미들이 지쳐 그늘이 그리워지는 한여름의 태양은 아! 눈을 감고 생각만 하여도 그리워지는 고향의 풍경들이다.

자연과 함께 펄벅(1892～1973)여사의 '대지'를 읽으며 게슴치레 감기는 눈망울을 떳다 감았다를 반복하다가 이내 잠들고 마는 어린 소년의 꿈은 세계로 확장되고 AI가 대세인 오늘날 그리운 향수를 느끼며, 정지용의 시에 박인수와 이동원이 부른 '향수'를 올려본다.

*향수(정지용, 1927)*

*넓은 벌 동쪽 끝으로*
*옛이야기 지줄대는 실개천이 휘돌아 나가고*
*얼룩백이 황소가*
*해설피 금빛 게으른 울음을 우는 곳*
*그곳이 차마 꿈엔들 잊힐리야*

*질화로에 재가 식어지면*
*뷔인 밭에 밤바람 소리 말을 달리고*
*엷은 졸음에 겨운 늙으신 아버지가*
*짚벼게를 돋아 고이시는 곳*
*그곳이 차마 꿈엔들 잊힐리야*

*흙에서 자란 내 마음*
*파아란 하늘 빛이 그리워*
*함부로 쏜 화살을 찾으려*
*풀섶 이슬에 함추름 휘적시던 곳*
*그곳이 차마 꿈엔들 잊힐리야*

*전설바다에 춤추는 밤물결 같은*
*검은 귀밑머리 날리는 어린 누이와*

*아무렇지도 않고 예쁠 것도 없는*
*사철 발 벗은 아내가*
*따가운 햇살을 등에 지고 이삭 줍던 곳*
*그곳이 차마 꿈엔들 잊힐리야*

*하늘에는 석근 별*
*알 수도 없는 모래성으로 발을 옮기고*
*서리 까마귀 우지 짖고 지나가는*
*초라한 지붕*
*흐릿한 불빛에 돌아앉아 도란도란 거리는 곳*
*그곳이 차마 꿈엔들 잊힐리야*

낙동강
소원공원
마르지 않는 샘

# 제20장 부록(호텔 및 맛집)

# 부산광역시

기장군
금정구
북구
동래구
해운대구
연제구
부산진구
사상구
수영구
강서구
동구
서구
남구
중구
사하구
영도구
조도
가덕도
대죽도

## 해운대의 호텔들

| 호텔명칭 | 전화번호 | 주소 | 비고 |
|---|---|---|---|
| 웨스턴 조선 | 051-749-7000 | 부산 해운대구 동백로 67 | 5성급 |
| 파라다이스 | 051-749-2111 | 부산 해운대구 해운대해변로 296 | 5성급 |
| 그랜드조선 부산 | 051-922-5000 | 부산 해운대구 해운대해변로 292 | 5성급 |
| 시그니엘 부산 | 051-922-1111 | 부산 해운대구 달맞이길 30 | 5성급 |
| LCT레지던스 | 051-746-1077 | 부산 해운대구 달맞이길 30 | 5성급 |
| 파크 하얏트부산 | 051-990-1234 | 부산 해운대구 마린시티1로 51 | 5성급 |
| 라마다 앙코르 바이 윈덤 해운대 | 051-610-3000 | 부산 해운대구 구남로 9 | 4성급 |
| 베스트루이스해밀턴 호텔 | 051-741-7711 | 부산 해운대구 해운대해변로 209번 가길 8 | 4성급 |
| 코오롱 씨클라우드 호텔 | 051-933-1000 | 부산 해운대구 해운대해변로 287 | 3성급 |
| 해운대 씨클라우드 호텔 레지던스 | 051-933-6000 | 부산 해운대구 해운대해변로 287 6층 | 3성급 |
| Lord Beach Hotel Haeundae | 051-747-9911 | 부산 해운대구 구남로 30번길 20 | 3성급 |
| 해운대동백호텔 | 0503-5052-9691 | 부산 해운대구 구남로 8번길 17 | 3성급 |
| 신라스테이 해운대 | 051-912-9000 | 부산 해운대구 해운대로 570번길 46 | 4성급 |
| 선셋 비지니스 호텔 | 051-730-9900 | 부산 해운대구 구남로 46 | 3성급 |
| 리베로호텔 | 051-740-2111 | 부산 해운대구 구남로 29번길 21 | 3성급 |
| 라비드 아틀란 호텔 2 | 051-742-0700 | 부산 해운대구 구남로 37 | 3성급 |

| 토요코인해운대 | 051-741-1045 | 부산 해운대구 해운대해변로237번길 5 | 3성급 |
|---|---|---|---|
| 베스트웨스턴 해운대 호텔 | 051-664-1234 | 부산 해운대구 구남로 42 | 4성급 |
| 베니키아호텔 해운대 | 051-760-7000 | 부산 해운대구 해운대해변로317 | 3성급 |
| 광수호텔 | 051-922-1600 | 부산 해운대구 해운대해변로221번길 22 | 3성급 |
| 코티스엠버서더호텔 | 051-6205-3886 | 부산 해운대구 구남로21번길 6 | 3성급 |

## 부산의 호텔들

| 호텔명칭 | 전화번호 | 주소 | 비고 |
|---|---|---|---|
| 롯데호텔 부산 | 051-810-1000 | 부산 부산진구 가야대로 772 | 5성급 |
| 농심호텔 | 051-550-2100 | 부산 동래구 금강공원로20번길 23 | 5성급 |
| 아난티코브 | 051-604-7000 | 부산 기장 기장해안로 268-31 | 5성급 |
| 브라운스위트부산 | 051-900-3479 | 부산 동구 충장대로160 | 5성급 |
| 그리핀베이호텔 | 051-710-2977 | 부산 중구 남포4가7 | 4성급 |
| 스탠포드호텔부산 | 051-795-7700 | 부산 중구 구덕로 53 | 4성급 |
| 라발스호텔 | 051-790-1500 | 부산 영도구 봉래나루로 82 | 4성급 |
| 아스티호텔부산역 | 051-409-8888 | 부산 동구 중앙대로214번길 | 4성급 |
| 타워힐호텔 | 051-250-6100 | 부산 중구 백산길 20 | 3성급 |
| 부산호텔 | 051-241-4301 | 부산 중구 광복로 97번길 23 | 3성급 |

| 굿올데이즈호텔 | 051-747-9911 | 부산 중구 중앙대로41번길 5 | 3성급 |
|---|---|---|---|
| 남포하운드호텔 | 051-254-0702 | 부산 중구 보수대로24번길 | 3성급 |
| 센트럴파크호텔 부산 | 051-243-8001 | 부산 중구 해관로 20 | 3성급 |
| 토요코인부산역 1호점 | 051-466-1045 | 부산 동구 중앙대로 196번길12(초량동) | 3성급 |
| 토요코인부산서면 | 051-638-1045 | 부산 부산진구 서전로 39(전포동) | 3성급 |
| 라마다 앙코르 부산역 | 051-922-0000 | 부산 동구 중앙대로 196번길 10 | 3성급 |
| 라이온관광호텔 | 051-808-3593 | 부산 부산진구 중앙대로691번가길 14-7 | 3성급 |
| 코모도호텔 | 051-462-9101 | 부산 중구 중구로 151 | 3성급 |
| 호텔아쿠아펠리스 | 051-790-2300 | 부산 수영구 광안해변로225 | 4성급 |
| 켄트호텔광안리 | 051-758-5700 | 부산 수영구 광안해변로229 | 4성급 |
| 호메르스호텔 | 051-750-8000 | 부산 수영구 광안해변로217 | 3성급 |
| 에이치에비뉴호텔 | 051-753-1340 | 부산 수영구 민락수변로29 | 3성급 |

## 해운대의 맛집 명소

| 맛집 명칭 | 전화번호 | 주소 | 비고 |
|---|---|---|---|
| 해운대암소갈비 | 051-746-0033 | 부산 해운대구 중동2로 10번길32-10 | 갈비 |
| 금수복국 | 051-742-3600 | 부산 중동1로43번길23 | 복국 |
| 거북선횟집 | 051-741-8850 | 부산 달맞이길62번길69 | 횟집 |

| 동백섬횟집 | 051-741-3888 | 부산 해운대해변로 209번나길 17 | 횟집 |
|---|---|---|---|
| 일광수산횟집 | 051-743-0004 | 부산 해운대로570번길 12 | 횟집 |
| 오막집 | 051-742-8009 | 부산 해운대해변로209번나길 28 | 양대창 |
| 오발탄 | 051-746-6080 | 부산 해운대로570번길 10 | 양대창 |
| 대도식당 | 051-726-8801 | 부산 해운대구 동백로 52 | 갈비 |
| 미포집 | 0507-1382-2205 | 부산 해운대 달맞이길 62번길 3 | 해산물 |
| 해성막창 | 051-731-3113 | 부산 해운대구 중동1로 19번길 29 | 막창 |
| 해주면옥 | 051-743-4855 | 부산 해운대구 중동2로 7 | 냉면 |
| 밀양돼지국밥 | 051-731-7005 | 부산 해운대구 구남로 28 | 국밥 |
| 해운대가야밀면 | 051-747-9405 | 부산 해운대구 좌동순환로 27 | 밀면 |
| 초량밀면 미포점 | 070-4469-0220 | 부산 해운대 달맞이길 62번길 19 | 밀면 |
| 포르타나 | 0507-1353-1131 | 부산 해운대구 우동1로 20번길 21 | 피자 |
| 속시원한대구탕 | 051-747-1666 | 부산 해운대구 달맞이길 229 | 대구탕 |
| 소문난 삼계탕 | 051-741-4545 | 부산 해운대구 중동2로 6 | 삼계탕 |
| 미포칼국수 | 0507-1376-0292 | 부산 해운대 달맞이길 62번길38 미포씨랜드3층 | 칼국수 |
| 배비장보쌈 | 0507-1333-7756 | 부산 해운대구 해운대로483번길1-1 | 보쌈 |
| 외식1번가 해운대 | 051-743-3338 | 부산 해운대구 해운대로425 | 갈비 |
| ※ 필자의 체험 중심이며, 호텔식당과 뷔페는 생략함. | | | |

## ❋ 부산의 맛집 명소

| 맛집 명칭 | 전화번호 | 주소 | 비고 |
|---|---|---|---|
| 급행장 | 051-809-2100 | 부산 부산진구 서면문화로 4 | 갈비 |
| 사미헌 | 051-819-6677 | 부산 부산진구 서면문화로 19 | 갈비 |
| 제일횟집 | 051-817-6290 | 부산 부산진구 서면문화로 24 | 횟집 |
| 녹산횟집 | 051-809-9958 | 부산 부산진구 새싹로58번길 | 횟집 |
| 정동진 | 051-809-8208 | 부산 부산진구 서면문화로 37 | 해산물 |
| 사해방 | 051-463-9883 | 부산 동구 중앙대로195번길 14 | 중식 |
| 홍성방 | 051-467-3682 | 부산 동구 중앙대로179번길 1 | 중식 |
| 신발원 | 051-467-0177 | 부산 동구 대영로243번길62 | 만두 |
| 본전돼지국밥 | 051-441-2946 | 부산 동구 중앙대로214번길 3-8 | 국밥 |
| 신창돼지국밥 | 051-465-7180 | 부산 동구 중앙대로214번길 3-4 | 국밥 |
| 초량밀면 | 051-462-1575 | 부산 동구 중앙대로 225 | 밀면 |
| 이재모피자 | 051-466-1478 | 부산 동구 중앙대로 197 | 피자 |
| 중앙곰탕 | 051-469-4117 | 부산 중구 충장대로 9번길7 | 곰탕 |
| 중앙식당 | 051-246-1129 | 부산 중구 해관로 20-3 | 생태탕 |
| 영빈관 | 051-246-0328 | 부산 중구 광복로97번길17 | 한정식 |
| 명물횟집 | 051-245-7617 | 부산 중구 자갈치해안로55 | 회정식 |

| 목장원 | 051-404-5000 | 부산 영도구 절영로355 | 갈비 |
|---|---|---|---|
| 송도공원 | 051-245-2441 | 부산 서구 암남공원로75 | 갈비 |
| 영진돼지국밥 | 051-206-3820 | 부산 사하구 하신번영로157번길 39 | 국밥 |
| 내호냉면 | 051-646-6195 | 부산 남구 우암번영로26번길 17 | 냉면 |
| 언양불고기 | 051-753-1632 | 부산 남천바다로 33번길7 | 갈비 |
| 옛날오막집 | 051-243-6973 | 부산 서구 구덕로274번길14 | 양곱창 |
| 압구정갈비 | 051-512-0025 | 부산 금정구 청룡로61 | 갈비 |
| 대성관초밥 | 051-518-4001 | 부산 금정구 금강로79 | 일식 |
| 어가초밥 | 051-554-0331 | 부산 동래구 온천장로107번길 | 일식 |
| 영남식육식당 | 051-552-2288 | 부산 동래구 명륜로112번가길 | 갈비 |
| 주문진막국수 | 051-501-7856 | 부산 동래구 사직로58번길 8 | 막국수 |
| 용장어요리 | 051-941-5031 | 부산 강서구 낙동남로682번길 94 | 장어 |
| 신라농원 | 051-335-8383 | 부산 북구 기찰로 7(덕천동) | 돼지갈비 |
| 부산추어탕 | 051-417-8172 | 부산 영도구 봉래동2가35-5 | 추어탕 |

## ❋ 부산광역시 공무원과 인구(2024. 04. 01기준)

| 명칭 | 대표전화 | 인구수 | 예산 |
|---|---|---|---|
| 부산광역시청 | 051-120 | 3,349천명 | 15조 |
| 부산 강서구청 | 051-970-4000 | 141천명 | 4,358억 |
| 부산 금정구청 | 051-519-4000 | 215천명 | 5,748억 |
| 부산 남구청 | 051-607-4000 | 255천명 | 6,296억 |
| 부산 수영구청 | 051-610-4000 | 173천명 | 4,460억 |
| 부산 동구청 | 051-440-4000 | 87천명 | 3,474억 |
| 부산 동래구청 | 051-550-4000 | 270천명 | 5,369억 |
| 부산진구청 | 051-605-4000 | 360천명 | 8,100억 |
| 부산 북구청 | 051-309-4000 | 272천명 | 6,584억 |
| 부산 사상구청 | 051-310-4000 | 208천명 | 5,532억 |
| 부산 사하구청 | 051-220-4000 | 297천명 | 6,520억 |
| 부산 서구청 | 051-240-4000 | 106천명 | 3,747억 |
| 부산 연제구청 | 051-665-4000 | 209천명 | 4,826억 |
| 부산 영도구청 | 051-419-4000 | 110천명 | 4,321억 |
| 부산 중구청 | 051-600-4000 | 41천명 | 1,991억 |
| 부산 해운대구청 | 051-749-4000 | 385천명 | 8,349억 |
| 부산 기장군청 | 051-709-4000 | 181천명 | 7,984억 |
| ※ 국가직 및 경찰청, 소방공무원 미포함. | | | |

## 호텔예약사이트

| 명칭 | 사이트 홈페이지 | 비고 |
|---|---|---|
| 네이버호텔 | https://hotels.naver.com | |
| 노랑풍선 | https://pkg.ybtour.co.kr/ | |
| 부킹컴 | http://www.booking.com | |
| 아고다 | http://www.agoda.com/ko-kr | |
| 야놀자 | http://www.yanolja.com | |
| 에어비앤비 | https://www.airbnb.co.kr | |
| 여기어때 | https://www.yeogi.com | |
| 와이투어 | https://www.ygolf.kr | |
| 지마켓 | http://gtour.gmarket.co.kr | |
| 트리바고 | http://www.trivago.co.kr | |
| 트립닷컴 | https://kr.trip.com | |
| 호텔스닷컴 | http://kr.hotels.com | |
| 호텔스컴바인 | http://www.hotelscombined.co.kr | |
| 호텔패스 | http://www.hotelpess.com | |
| KAYAK | http://www.kayak.co.kr | |

## ❂ 대한민국 지도

함경북도
함경남도
평안북도
평안남도
황해도
강원도
경기도
충청북도
충청남도
경상북도
대구
전라북도
경상남도
부산
전라남도
제주도

## 세금상식

### ▶ 주요 세금종류별 신고기한

| 세목 | 신고회수 | 신고기한 | 비고 |
|---|---|---|---|
| 부가가치세 | 매분기 | 매분기 다음달 25일까지 | 개인2회, 간이1회 |
| 소득세 | 1년 | 다음해 5월1일부터 5월 31일 까지 | 성실 6월30일 |
| 법인세 | 1년 | 과세기간 종료일부터 3개월 | 성실 4개월 |
| 양도소득세 | 발생시 | 양도일의 말일부터 다다음달 말일까지 | |
| 상속세 | 발생시 | 상속개시일의 말일부터 6개월까지 | |
| 증여세 | 발생시 | 증여개시일의 말일부터 3개월까지 | |
| 종합 부동산세 | 1년 | 매년 12월 1일부터 12월 15일까지 | |
| 개별소비세 | 매월 | 다음달 25일까지 | |
| 증권거래세 | 매월·반기 | 상반기 : 8월 말일까지<br>하반기 : 익년 2월 말일까지<br>상장법인 등은 매익월 10일까지 | |
| 원천징수 | 매월·반기 | 익월10일까지,<br>반기10일까지 | |

### ▸ 증여추정 배제기준

| 구분 | 주택 | 기타재산 | 채무상환 | 총액한도 |
|---|---|---|---|---|
| 30세 미만 | 5천만원 | 5천만원 | 5천만원 | 1억원 |
| 30세 이상 | 1억5천만원 | 5천만원 | 5천만원 | 2억원 |
| 40세 이상 | 3억원 | 1억원 | 5천만원 | 4억원 |

### ▸ 증여공제

| 구분 | 내 용 | 비고 |
|---|---|---|
| 배우자 | - 배우자 공제는 6억까지 비과세 | |
| 직계존비속 | 성년 5천만원, 미성년자 2천만원까지 비과세 혼인·출산 1억원 추가공제 비과세 | - 가족관계증명서 |
| 기타친족 | 기타 친족관계 1천만원까지 비과세 | - 타인 공제없음 |

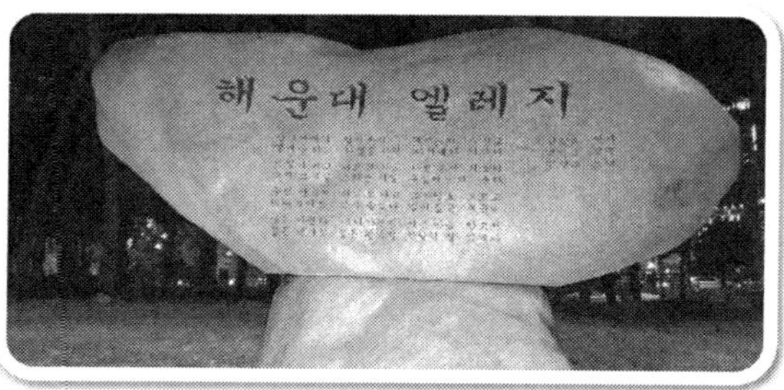
해운대 엘레지

2024

# 제21장 참고문헌

공병호(2006), “부자의 생각 빈자의 생각,” 해냄출판사.

남경태(1997), “현대철학은 진리를 어떻게 정의하는가,” 두산동아.

박기주(2012), “두배 일하고 열배 행복하자,” 피그마리온.

빌브라이슨 저, 김지현 옮김(2009), “빌브라이슨 발칙한 영국산책,” 21세기북스.

이상직(2007), “텐배거 10배 성장전략,” 한국경제신문.

주강현(1996), “우리 문화의 수수께끼,” 한겨레신문사.

토마스 쿤 저, 김명자 옮김(1995), “과학혁명의 구조,” 동아출판사.

나무위키(2024), “https://namu.wiki/w/”

다음 백과사전(2024)

대한민국구석구석(2024), “https://korean.visitkorea.or.kr”

범어사(2024), “https://www.beomeo.kr/about/sub1.php”

부산광역시(2024), “https://www.busan.go.kr”

부산광역시시립반송도서관(2024), “https://home.pen.go.kr/bansonglib”

부산국제무용제(2024), “https://bidf.kr”

부산나비(2024), “https://busan.tabi.kr”

부산도시공사아르피나(2024), “https://arpina.co.kr/”

부산요트학교(2024), “http://bsyacht.co.kr/”
부산시설관리공단(2024), “https://www.bisco.or.kr“
위키백과(2024), “https://ko.wikipedia.org/wiki”
케이팝매거진(2024), “https://kpopsong.tistory.com/entry”
팔레드시즈콘도(2024),
“https://www.paledeczcondo.co.kr/view/index.do#”
한국관광공사(2024), “https://data.visitkorea.or.kr”
한국민족문화대백과사전(2024)
한화리조트(2024), “https://www.hanwharesort.co.kr”
해운대구청(2024), “https://www.haeundae.go.kr”
해운대베네키아호텔(2024),
“http://www.hotelhaeundae.com/page/sub11”
해운대아이파크호텔(2024), “http://www.haeundaeipark.co.kr/”
호텔스컴바인(2024), “https://www.hotelscombined.co.kr/”

# 해운대 25시

- 해운대는 잠들지 않는다

2024년 7월 22일 인쇄
2024년 7월 25일 발행

지은이 | 황광석
펴낸이 | 박중열
펴낸곳 | 다솜출판사
부산광역시 중구 대청로 135번길 10-1
TEL.(051)462-7207~8 FAX. 465-0646
등록번호 1994년 4월 22일 제325-2001-000001호

정가 20,000원


ISBN 978-89-5562-780-0 03810